Formalismo e Futurismo

Coleção Debates
Dirigida por J. Guinsburg

Equipe de Realização – Tradução: Sebastião Uchoa Leite; Organização: Boris Schnaiderman e Haroldo de Campos; Revisão: Haroldo de Campos e Boris Schnaiderman e Mary Amazonas Leite de Barros; Produção: Ricardo W. Neves e Raquel Fernandes Abranches.

krystyna pomorska

FORMALISMO E FUTURISMO

A Teoria Formalista Russa e seu Ambiente Poético

PERSPECTIVA

Título do original
Russian Formalist Theory and its Poetic Ambiance

© by Krystyna Pomorska

CIP-BRASIL. CATALOGAÇÃO-NA-FONTE
SINDICATO NACIONAL DOS EDITORES DE LIVROS, RJ

P873f
2.ed.

    Pomorska, Krystyna, 1928-
       Formalismo e futurismo : a teoria formalista russa e seu ambiente poético / Krystyna Pomorska; [tradução de Sebastião Uchoa Leite ; organização Boris Schnaiderman e Haroldo de Campos]. - 2.ed. - São Paulo : Perspectiva, 2010 (Debates ; v. 60)

       Tradução de: Russian Formalist Theory and its Poetic Ambiance
       Inclui bibliografia
       ISBN 978-85-273-0175-6

       1. Formalismo (Literatura russa). 2. Futurismo (Movimento literário). 3. Poesia russa - Século XX - História e crítica - Teoria, etc. 4. Poética. 5. Literatura - Filosofia. I. Schnaiderman, Boris, 1917-. II. Campos, Haroldo de, 1929-2003. . III. Título. IV. Série.

10-2420   CDD: 891.71
                                                CDU: 821.161.1-1.09

24.05.10   01.06.10   019379

2ª edição

Direitos reservados em língua portuguesa à
EDITORA PERSPECTIVA S.A.

Av. Brigadeiro Luís Antônio, 3025
01401-000 – São Paulo – SP – Brasil
Telefax: (0--11) 3885-8388
www.editoraperspectiva.com.br
2010

MOJEJ MATCE

KRYSTYNA POMORSKA

NOTA DE ORGANIZAÇÃO

O presente livro oferecia problemas particulares de tradução. Assim é que, além dos títulos de obras, numerosas citações de textos teóricos e manifestos comparecem apenas em russo na edição original. Todas essas interpolações foram especialmente vertidas para o português por Boris Schnaiderman, completando-se, desta forma, a tradução do texto principal, em inglês, a cargo de Sebastião Uchoa Leite.

Outro problema era o referente aos poemas russos (excertos ou poemas inteiros), citados e analisados no original. Haroldo de Campos traduziu-os para esta edição, com a colaboração de Boris Schnaiderman. Aqueles poemas que já faziam parte das antologias Maiakóvski — *Poemas* (Tempo Brasileiro: Rio de Janeiro, 1967) e *Poesia Russa Moderna* (Civilização Brasileira: Rio de Janeiro, 1968) foram, naturalmente, aproveitados. Sempre que as traduções utilizadas se devem a Augusto de Campos, este fato é expressamente assinalado. Certos trechos de manifestos futuristas, que ofereciam particulares dificuldades de configuração fônica e exigiam tratamento poético, foram também recriados em colaboração pelos Organizadores deste volume. Fragmentos dos poetas poloneses Mickiewicz e Tuwim e do tcheco Nezval foram transpostos por Haroldo de Campos, com o auxílio da Autora.

O material iconográfico que enriquece o presente volume foi especialmente selecionado e cedido para este livro pela Autora, a quem os Organizadores agradecem a atenção com que acompanhou os trabalhos da edição brasileira.

São Paulo, 1972

BORIS SCHNAIDERMAN E HAROLDO DE CAMPOS

AGRADECIMENTOS

Devo muito da concepção deste livro a vários professores meus, na Polônia e nos Estados Unidos.

Minha gratidão se dirige em primeiro lugar ao Professor Wiktor Jakubowski, que me introduziu no campo de estudos da Literatura Russa. Sua orientação guiou meus primeiros passos no estudo da poesia de língua russa. Tive a boa sorte de prossegui-lo com a Professora Maria Renata Mayenowa. Sob a sua supervisão e como assistente da Cadeira de Teoria da Literatura na Universidade de Varsóvia, comecei um trabalho sistemático de pesquisa sobre poética. O Professor Kazimierz Budzyk, recentemente falecido, que era o

Catedrático por essa época, contribuiu em grande escala para o meu posterior conhecimento nesse campo.

No ano de 1960 tive a sorte de obter uma bolsa de dois anos no Centro de Ciências da Comunicação, M. I. T.

Sou profundamente grata ao Professor Roman Jakobson, que foi o responsável por esses estudos. Sua função de inspirador ganha um relevo adequado, quando se sabe que ele figura de modo especial como uma das *dramatis personae* do meu assunto. Suas preleções no M. I. T. e na Universidade de Harvard forneceram-me a base metodológica para o presente estudo.

Devo enormemente aos seminários de Lingüística no M. I. T., sob a orientação dos Professores Noam Chomsky e Morris Halle e às esclarecedoras sugestões deste último.

Fico particularmente agradecida aos membros do Departamento de Línguas Eslavas da Universidade de Chicago, sobretudo ao Catedrático, Professor Hugh McLean, por ter proporcionado uma magnífica atmosfera de estudos, na qual este trabalho foi completado em sua primeira versão, como tese de doutoramento. Devo sinceros agradecimentos ao Professor Edward Stankiewicz, cujos conselhos e comentários críticos sobre problemas de lingüística e linguagem poética foram de grande valor para mim.

Os seminários e palestras do Professor Kiril Taranóvski em Harvard, durante os anos 1964/65, principalmente aqueles sobre simbolismo russo e a poesia de Boris Pasternak, assim como freqüentes entrevistas pessoais que tive com ele, ajudaram-me a resolver um sem-número de problemas sob uma nova luz.

Palavras especiais de gratidão e afeição devem ser dirigidas a Ralph Sayers, Diretor Assistente do RLE do M. I. T., onde comecei as primeiras páginas deste livro. A atenção e o auxílio constantes desse homem extraordinário fizeram com que meu trabalho se tornasse eficiente e aprazível.

Finalmente, desejo expressar meus agradecimentos a Helen Colaclides e Donald Cooper pela revisão estilística desta obra.

KRYSTYNA POMORSKA

SUMÁRIO

Introdução.................................... 15
1. A Teoria Formalista da Linguagem Poética 19
   Tradição russa no estudo da estilística 19
   Fundamentos da metodologia 24
   A teoria Opoiaz: literatura como linguagem poética . 27
   Análise da prosa 43
   Desenvolvimento posterior do grupo da Opoiaz: do conceito de linguagem poética à noção de estrutura . 52
2. Os Predecessores do Futurismo................. 59
   O conceito de escola literária e os acmeístas 59

Simbolismo e futurismo 71
　　　O simbolismo como escola poética 75
3. O Futurismo como Escola Poética 101
　　　Fundamentos teóricos 101
　　　Prática poética 124
Conclusões 159
Bibliografia Selecionada 165

INTRODUÇÃO

Este livro enfoca a relação entre dois fenômenos, a análise literária e a literatura produzida. Só podemos compreender o desenvolvimento dos métodos da análise literária pela apreensão das relações entre esses dois fatores. Uma determinada metodologia de estudos literários normalmente é considerada somente em relação a métodos anteriormente estabelecidos, seja para continuá-los, seja para reagir contra os mesmos. Isso, porém, supõe um esquecimento de que a teoria da literatura é uma generalização da literatura, isto é, da prática literária. Assim, a compreensão da relação entre esses dois fatores é fundamental para a tipologia e a análise dos conceitos do estudo literário.

Mesmo um exame histórico muito superficial nos levará à conclusão de que certos métodos de análise da obra literária surgiram como generalização de gêneros literários específicos ou tendências particulares de alguns autores. Assim, a teoria do Classicismo, com os seus princípios de equilíbrio da composição, de bom gosto e uma espécie particular de herói, foi a generalização do drama e da poesia épica do tempo em que surgiu. Os grandes românticos estimularam o método biográfico. Isso aconteceu porque, como tem sido observado pelos estudiosos do assunto[1], a literatura romântica baseou-se largamente em um material que era realmente autobiográfico.

Um exemplo clássico de biografismo nos estudos literários pode ser encontrado em toda a corrente de críticos (*scholars*) poloneses cujas obras principais se referem a Slowacki (Windakiewicz, Kleiner), Mickiewicz (Szyper) e Krasinski. St. Windakiewicz formulou os princípios de um método biográfico tendo como fundamentação as obras de Slowacki. Considera "uma verdadeira fiologia" a "biografia artística" de um poeta:

"Seria desnecessário dizê-lo, temos muitas palavras de louvor à obra de Slowacki [...]. Mas se [...] alguém saísse do país e fosse obrigado a explicar em círculos literários como era exatamente Slowacki em alguns estágios particulares do seu desenvolvimento, *o que ele viveu enquanto artista e quais as suas aspirações* [...], teria dificuldades em conduzir esse tema. *A biografia artística de Slowacki, isto é, os estudos propriamente filológicos do poeta,* ainda são muito negligenciados em nosso país."[2]

Ainda em fins do século passado Tolstói e Dostoiévski foram influências dominantes no pensamento russo e, juntamente com Gógol, que por essa época alcançava de novo grande popularidade, tornaram-se a base para as investigações literárias de orientação psicológica. Rózanov, Mierejkóvski e Strakhov[3] desenvolveram a abordagem filosófico-psicológica da crítica literária principalmente durante os seus estudos sobre esses três autores e essa prática prevaleceu ainda muitos anos depois.

(1) Vide, p. ex., Boris Tomachévski "Litieratura i biográfia" (Literatura e biografia), in *Kniga i revoliútzia* (O livro e a revolução), 4 (1923).
(2) St. Windakiewicz, "O biografie artystvczna pisarzv", in H. Markiewicz, *Teoria badan literackich w Polsce* (Cracóvia, 1960).
(3) Cf. D. Mieriykóvski, *Tolstói i Dostoiévski* (São Petersburgo, 1903) e V. Rózanov, *Leguenda o Vielíkom Inkvizítorie F. Dostoiévskovo, Ópit krititcheskovo komientária* (A lenda do Inquisidor-Mor de F. Dostoiévski, ensaio de comentário crítico — Berlim (1894), 1924).

Tanto a abordagem sociológica da literatura, fundada por Hippolyte Taine, quanto os teóricos de formação sociológica marxista tomaram avidamente como exemplos os romances históricos e sociais e, de maneira geral, a literatura com ênfase política e social: o crítico marxista polonês A. Stawar escreveu seus principais livros sobre Sienkiewicz e Brzozowski e ensaios sobre Chólokhov e Bielínski;[4] o historiador literário soviético G. Tzeitlin escreveu sobre Gontcharóv; G. Lukàcs analisou os romances de Balzac e dedicou um amplo estudo ao romance histórico.[5]

Conclui-se assim que uma determinada abordagem teórica é basicamente uma generalização do conjunto de problemas representado em uma determinada obra ou grupo de obras literárias. Contudo, essa generalização pode-se expandir subseqüentemente e tornar-se durante muito tempo uma metodologia universal para o estudo da literatura, sendo assim aplicada, sem distinção, aos fenômenos mais diversificados da literatura. Muitas adulterações dos métodos da análise literária surgem da aplicação a uma determinada obra de categorias analíticas inadequadas, pois resultaram do estudo de outras espécies de literatura. Por exemplo, seria difícil analisar os "Lamentos" de Kochanowski, utilizando o método sociológico, ou mesmo pesquisar as repetições de elementos sonoros em um romance social de Rechétnikov.

Tendo em vista a íntima conexão entre os métodos particulares de análise e as espécies particulares de literatura, já foi sugerido a propósito que a relação entre uma determinada obra literária e os métodos adequados para a sua investigação é, realmente, uma relação toda especial. O teórico polonês St. Adamczewski formulou a sua opinião da seguinte maneira:

"O método [...] é a *forma* em relação ao *conteúdo* que se investiga. Portanto [...] está sujeito ao princípio da unidade e indivisibilidade de forma e conteúdo [...] nos estudos literários não se pode utilizar o processo de 'derramar' o conteúdo dentro de uma forma pré-fabricada, previamente determinada, ou seja, espremer o conteúdo sob investigação para dentro de um método predeterminado. Aqui também a forma (o método) é aderente ao próprio conteúdo, permeando-o,

(4) Cf. A. Stawar, *Pisarstwo Henryka Sienkiewicza* (Varsóvia, 1960) e *O Brzozowskim i inne szkice* (*idem*, 1961).
(5) G. Lukàcs, *The Historical Novel* (Boston).

enformando-o. O conteúdo singular e único que se investiga está relacionado com um método singular e único, que só é adequado a esse."[6]

A colocação de Adamczewski implica numa extrema limitação da esfera da metodologia literária. Estritamente falando, significa a sua completa rejeição. De fato, as obras literárias não são assim tão únicas e podem ser classificadas em grupos muito amplos, tendo como base os elementos comuns de sua produção. Disso se segue que um determinado tipo de análise é aplicável a mais de uma obra literária. Todavia, há um limite para a aplicabilidade de métodos particulares de estudo literário: são diretamente proporcionais ao ambiente literário de onde se desenvolvem.

Um exemplo bastante típico da íntima relação entre a teoria e a prática literária é a metodologia da escola formalista russa. O grupo da *Opoiaz* (*Óbchchestvo po izutchéniu poetítcheskovo iaziká*, Sociedade de Estudos da Linguagem Poética), formado em 1916--1917, surgiu dentro da órbita das mesmas doutrinas estéticas e filosóficas que inspiraram o "método integral" polonês de M. Kridl e a fenomenologia de R. Ingarden. Muito próximo aos estudiosos poloneses acima citados encontra-se K. Troczynski, discípulo do conhecido sociólogo F. Znaniecki. O denominador comum do grupo russo e dos *scholars* poloneses era o tratamento da literatura como um fenômeno independente de sua gênese.

Mas as diferenças entre os russos e os poloneses se devem pelo menos a dois fatores principais: 1) tradições diferentes nos estudos literários e 2) ambientes literários diversos. Entre os teóricos modernos citados, os formalistas russos se orientaram mais pelo ponto de vista lingüístico do que filosófico. A sua metodologia literária se caracteriza como uma *teoria da linguagem poética,* enquanto Ingarden, Kridl e Znaniecki desenvolveram uma teoria da obra literária.

Este livro é primordialmente dedicado à relação entre a teoria e a prática literária. Mas vários outros fatores devem também ser levados em consideração, a fim de que se compreenda a singularidade do grupo russo da *Opoiaz*.

(6) S. Adamczewski "Miraze prostych dróg" in H. Markiewicz, *Teoria badán literackich*... p. 151.

A TEORIA FORMALISTA
DA LINGUAGEM POÉTICA

Tradição russa no estudo da estilística

Na Rússia, tanto os historiadores literários quanto os lingüistas há muito tempo que se interessam pela linguagem das obras literárias. Durante o século XIX, o objeto primordial da análise era o problema dos estilos individuais, tendo como base o estudo de obras-primas geralmente aclamadas. A investigação do estilo foi, de fato, restringida por estudiosos como Cheviriόv, Grot e até mesmo Busláiev, ao estudo da linguagem de uma determinada obra ou, no máximo, à linguagem de um determinado autor.

Durante as décadas de 30 e 40 do século passado, operou-se uma transformação visível, causada por um lado por novas tendências na literatura e por outro lado pelos estudos lingüísticos. A literatura atingia o seu período de democratização e, por assim dizer, vernaculização: muitas estilizações populares apareceram, tanto na poesia (Koltzóv, posteriormente Niekrassov) quanto na prosa (Gógol), e, na prosa narrativa, novas técnicas estilísticas, como a do *"skaz"*, foram criadas. Nos estudos lingüísticos surgiram a dialetologia e a etnografia, devendo ser mencionadas a propósito as obras de Dal e, posteriormente, as de Budde. Foi Budde quem tentou introduzir os métodos da etnografia e da dialetologia nas investigações estilísticas.

Além dessas duas tendências no estudo da linguagem da literatura, existe ainda — particularmente na historiografia e crítica literária russa — a estilística normativa tradicional, que foi caracterizada por V. Vinogradov com as seguintes palavras:

"Um certo esquema de citações gramaticais e sintáticas foi extraído das obras literárias e a linguagem de quase todos os escritores do século XVIII e do primeiro terço do século XIX [...] foi enquadrada dentro das rubricas desse esquema."[1]

Estes traços normativos sobreviveram em formas diversas até o começo de nosso século. Como exemplo, deve-se mencionar a tão citada monografia de I. Mandelstam.[2]

Em resumo, para caracterizar esse período deve-se notar em primeiro lugar que a estilística estava identificada com o estudo da linguagem de determinada obra ou autor e, em segundo lugar, que a diferenciação funcional e histórica dos estilos era ignorada. Dadas essas condições, os estudos estilísticos de Potiebniá no começo do século constituíram um grande e significativo acontecimento. Como lingüista Potiebniá foi adepto dos neogramáticos, mas sua obra sobre estilística seguiu sobretudo a tradição de Humboldt, a trilha romântica da lingüística que colocava ênfase nos fatores individuais e criativos no desenvolvimento da linguagem, em opo-

(1) V. V. Vinogradov, *O khudójestvienoi prózie* (Sobre a prosa literária. Moscou-Leningrado, 1930), p. 15.
(2) I. Mandelstam, *O kharáctiere gógolevskovo stília* (Sobre a natureza do estilo gogoliano — Helsingfors, 1902).

sição à concepção positivista dos neogramáticos quanto à linguagem e suas transformações. Conseqüentemente, Potiebniá transferiu os estudos estilísticos da esfera da lingüística pura para o campo da estética.[3] A poética e a estilística modernas devem-lhe análises magníficas do folclore russo e ucraniano, mas o seu principal mérito no estudo da linguagem poética reside no fato de que foi o primeiro na Rússia a estabelecer uma aguda distinção entre a linguagem *poética* e a linguagem *prática* (ou "prosaica"). Os fundamentos dessa distinção serão discutidos posteriormente neste estudo, em conexão com o conceito de linguagem poética professado pelos formalistas.

Nas décadas de 80 e 90 do último século, a escola de lingüística russa, que até então tinha seguido a orientação dos neogramáticos, estabeleceu-se em torno de Fortunatov, em Moscou, e evoluiu aos poucos na direção do estruturalismo. O próprio Fortunatov, nas questões básicas de morfologia, esteve perto de uma abordagem estrutural, mas somente duas gerações mais tarde essa abordagem estrutural da linguagem apareceria realmente na lingüística russa. Foi durante o período da Primeira Guerra Mundial, nos seminários de discípulos de Fortunatov — tais como Chakhmatov, Porzezinski, Pokróvsky, Chchépkin, Uchakóv e Durnovo — que Trubietzkói e R. Jakobson começaram a fazer seus estudos. Mas essa breve resenha ficaria incompleta se não levássemos em consideração o papel do importante centro provinciano de lingüística moderna na Rússia: Kazan. Nas décadas de 70 e 80 (inícios), Jan Baudouin de Courtenay assumiu a cátedra de lingüística nesse local e, assistido por seu discípulo e colaborador, Mikolaj Kruszewski, tornou-se o fundador da moderna lingüística estrutural, sendo o primeiro a formular os princípios da fonologia, antes que Ferdinand de Saussure tivesse dado a sua grande contribuição no começo de nosso século.

Enquanto Potiebniá e particularmente os seus seguidores influenciaram muito a estética e as teorias lingüísticas dos simbolistas russos (sobretudo as de A. Biéli), a escola de Baudouin está estreitamente ligada à estética do futurismo russo e naturalmente às teorias

(3) Cf. V. Vinogradov, *op. cit.*

do grupo da *Opoiaz,* já que este último é um produto particular do movimento futurista na literatura. Não foi por acaso que um dos mais destacados escritores futuristas, Nicolai Burliuk, acolheu calorosamente os "novos rumos" da lingüística:

"Até agora a filologia teve grande apego pelos fatos anedóticos, pela história da vida cotidiana e pela filosofia, mas não pela palavra. Chakhmatov, Baudouin de Courtenay e vários outros clamam em vão pela compreensão verdadeira dessa tarefa." [4]

A lingüística moderna foi seguida de perto pela estilística moderna. Lev Chcherba, discípulo e admirador de Baudouin, deu um grande passo à frente no campo da estilística orientada pela lingüística: a inovação mais importante nos estudos estilísticos desse período é a sua distinção entre *estilo oral* e *estilo escrito*. Enfocou o problema sobretudo do ponto de vista fonético, considerando os padrões fonéticos da língua oral como fundamentalmente diversos dos padrões da língua escrita, porque a primeira, em contraste com a última, é marcada por propriedades fonéticas expressivas, tais como o encurtamento das palavras, a tendência para a elipse e assim por diante.

Ao nível do discurso, esses dois estilos diferentes correspondem às estruturas do monólogo e do diálogo. O monólogo é uma tendência própria do estilo escrito, enquanto que a língua oral se orienta principalmente para o diálogo. O estudo das características dialógicas e monológicas do comportamento da linguagem foi continuado pelo grupo de estudiosos concentrados em torno da série de publicações não-periódicas *Rúskaia rietch* (Discurso russo), editadas por Chcherba.

A parte mais avançada dos estudos estilísticos de Chcherba está na análise dos poemas líricos de Púchkin e Lérmontov, análise que chamou "tentativa de interpretação lingüística". Sua importância reside no fato de que a análise desses poemas estava baseada na nova escola de fonética associada aos nomes de dois estudiosos alemães, E. Sievers e seu discípulo B. Saran. Esse método era chamado *Ohrenphilologie* em oposição

(4) N. Burliuk, *Futurísti,* 1-2, (1914).

a tradicional *Augenphilologie*. Eis a caracterização de Chcherba desse novo método de estudo textual:

> "Qualquer texto que ainda não tenha sido pronunciado apenas pode dar razão ao surgimento de algum ocasional fenômeno lingüístico, já que normalmente só se pode considerar como 'linguagem' aquilo que é pronunciado pelo menos mentalmente, e com o que, é claro, estão associadas as representações mentais de qualquer espécie, no mais amplo e indefinido sentido do termo."[5]

Conseqüentemente, Chcherba analisa o verso como uma composição oral, como uma estrutura sonora. Tendo constantemente a *pronunciação* como critério diretivo, modifica a pontuação a fim de que esteja de acordo com os sinais da fala. Depois de marcar a estrutura do verso deste modo, Chcherba toma isso como a base de sua análise, pois só então pode estudar suas características constantes. Em todas as mensagens, sejam escritas ou orais, Chcherba distingue os elementos que são constantes, imutáveis, do "material envolvente" (*upakóvotchni matierial*), como chama os elementos variáveis e inconstantes, ditados pela emoção, sendo, portanto, mais vagos e semanticamente menos claros. Esse tipo de padrão, observa Chcherba, não deve ser levado em consideração apenas quando se lida com uma mensagem falada ou escrita: aparece também no processo do pensamento, no ato da criação, quando um poeta "não ouve tudo com plena nitidez, e muito nele está em equilíbrio instável"[6]. Essas idéias relacionam Chcherba com a fenomenologia de Edmund Husserl, cuja influência na Rússia começou antes da Primeira Guerra Mundial: em 1912 apareceu uma tradução russa do primeiro volume das *Logische Untersuchungen*. Husserl considera que o assunto principal da filosofia é a "essência das coisas", isto é, aquilo que é imutável, indispensável. A pesquisa dos *elementos imutáveis* é exatamente o que na terminologia lingüística de Baudouin é referido como a *fixação das invariantes,* o problema básico dos estudos humanísticos de nosso tempo.

Tal foi, em resumo, a tradição original do formalismo russo, no que diz respeito à lingüística e à estilística. O grupo da *Opoiaz* abeberou-se ampla e avidamen-

---

(5) L. Chcherba, *Izbranie rabóti po rúskomu iaziku* (Obras escolhidas sobre a língua russa — Editora Pedagógica Estatal, 1957), pp. 30-31.
(6) *Ibid.*

te nessa tradição. Mas a fim de compreender a fonte desse particular interesse para os estudiosos russos, devemos examinar a experiência geral que conduziu à sua metodologia.

Fundamentos da metodologia

O grupo da *Opoiaz* (associado aos nomes de V. Chklóvski, L. Iakubínski e B. Eikhenbaum) iniciou sua atividade pública em 1916 com a primeira publicação coletiva, *Sbórniki po teórii poetítcheskovo iaziká* (Coletâneas sobre a teoria da linguagem poética). O grupo emergiu na crista da onda de uma revolta antipositivista na Europa, que se iniciou na década de 80 do século passado. Para a análise literária esta revolta significou antes de mais nada o rompimento com o tipo de análise da literatura em termos da causalidade mecanicista, procedimento a que a maior parte dos estudos literários de então estava profundamente apegada, resultando assim que os mais importantes elementos da literatura como tal permaneciam ignorados. Descartando-se das explicações genéticas como instrumento básico de análise, os estudiosos da literatura viram-se diante da necessidade de uma reavaliação fundamental de toda a sua metodologia. Enquanto o geneticismo incorporava aos estudos literários muitos elementos heterogêneos, tais como a sociologia e a biografia, os estudiosos defrontavam-se agora com a tarefa de redefinir o verdadeiro tema principal dos estudos literários. Por volta do alvorecer do século XX este problema foi de fato o tema de discussão nas obras de três pensadores alemães, Wilhelm Dilthey, Wilhelm Windelband e Heinrich Rickert. De acordo com Dilthey, todos os fenômenos "históricos" (na terminologia contemporânea, os estudos humanísticos), ao contrário do que acontece com os fenômenos naturais, surgem através de signos e/ou símbolos, sendo perceptíveis como tais. Windelband estabelece um conceito paralelo, ao afirmar que todos os fenômenos históricos são singulares, enquanto que os fenômenos naturais são susceptíveis de generalização. Em fins do século passado Rickert reafirmou a nova metodologia, descobrindo uma lei geral em que esta era baseada, dando-lhe assim um *status* igual ao "método científico" das ciências naturais. Afirmava que todos os fenômenos "ideográficos" (segundo a terminologia de Dilthey), isto é, os estudos humanísticos, são parte do sistema de valores estabelecidos por uma determinada cultura. Um importante apoio para essa distinção podia ser encontrado na filosofia husserliana: Husserl sustentava que todos os fenômenos espirituais isto é, não-materiais, tinham a sua própria existência independente. Além do mais, esses fenômenos só podiam ser estudados através de sua *essência*, que se manifestava em sua pura forma em cada um deles, individualmente.

Nesse mesmo tempo a lingüística moderna parecia chegar a conclusões metodológicas semelhantes. O Círculo Lingüístico de Moscou, fundado quase ao mesmo tempo que a *Opoiaz* (1915), sendo que vários de seus membros eram participantes ativos dos dois grupos (Brik, Jakobson), estava desenvolvendo por essa época as idéias de Ferdinand de Saussure relativas ao estudo diacrônico e sincrônico da linguagem.

Tanto Saussure quanto os seus seguidores russos deram prioridade aos estudos sincrônicos, o que significa uma completa descrição da linguagem como um sistema, sem recorrer a qualquer interpretação histórica. As questões genéticas deviam ser abordadas em separado, utilizando-se para as mesmas o seu próprio método. A seguinte característica importante da metodologia de Saussure foi a sua distinção entre *langue* e *parole*, isto é, entre o sistema geral e uma atividade particular da linguagem. Os dois pontos básicos dessas oposições correspondem à noção husserliana do caráter independente do fenômeno espiritual ou "não-material", segundo a qual este fenômeno só pode ser compreendido através de sua "essência".

Nessa mesma época se iniciava o grande movimento moderno nas artes. A história e a teoria da arte experimentaram então uma completa revolução. Por volta de 1915, o livro de H. Woelfflin, *Kunstgeschichtliche Grundbegriffe* (Princípios básicos da história da arte), ganhou fama por causa de suas novas e fecundas idéias para o estudo do estilo artístico da Renascença e períodos posteriores. Seu caráter claramente descritivo, seu enfoque da tipologia e da análise formal dos

CASIMIR MALEVITCH, *UM INGLÊS EM MOSCOU*, 1914.

estilos — ao invés de uma tradicional história da arte — tornaram-no um modelo durante muitas décadas. Esse método foi aplicado à literatura por O. Walzel e H. Dibelius.[7] Na Alemanha esse método adquiriu o nome de método "morfológico". Enquanto isso a pintura moderna se desenvolvia rapidamente e os jovens estudiosos russos de literatura e linguagem foram fortemente influenciados pelo Cubismo, o do exterior e o do seu próprio país. R. Jakobson sublinha a importância do Cubismo para o desenvolvimento da lingüística moderna:

> "Os que entre nós se dedicam à linguagem já aprenderam a aplicar o princípio da relatividade na operação lingüística. Fomos positivamente arrastados a essa direção pelo espetacular desenvolvimento da física moderna e pela *teoria e prática pictórica do Cubismo,* em que tudo está baseado na relação e interação entre a parte e o todo, a cor e a forma, entre a representação e o representado."[8]

A transformação direta do Cubismo em poesia se encontra no futurismo russo. Eis por que o grupo da *Opoiaz* esteve tão intimamente ligado à poesia futurista. Mas o futurismo russo foi, por sua vez, apenas o estágio final de uma determinada trilha da poesia moderna, iniciada no final do século passado. Por isso, nosso estudo abrangerá a poesia moderna russa como um conjunto.

Sumarizamos e relacionamos acima as quatro fontes básicas da teoria literária lançada pelo grupo da *Opoiaz*: a metodologia geral dos estudos humanísticos, a filosofia fenomenológica de Husserl, a metodologia da lingüística moderna e, por fim, *last but not least,* a teoria e a prática da arte moderna, principalmente o Cubismo. Vejamos agora a própria teoria da *Opoiaz,* apresentando-a em relação aos princípios acima descritos.

A teoria da Opoiaz: a literatura como linguagem poética

Todos os métodos de análise dos fenômenos "humanísticos" que foram mencionados até aqui têm um

(7) H. Dibelius, *Englische Romankunst* (Berlim, 1910).
(8) R. Jakobson, *Selected Writings,* Vol. I: Phonological Studies. Retrospect (Haia, 1962), p. 632 (grifos meus).

denominador comum: todos eles focalizam o *produto em si mesmo*, não o *processo* ou a *gênese* desse produto; concentram-se sobre fatores estritamente literários, artísticos ou lingüísticos e não sobre aspectos que estão além da esfera do "texto" em si. Especulam sobre um *produto* em contraposição a uma *atividade* ou às condições do nascimento desse produto (circunstâncias ambientes, personalidade do criador e assim por diante).

O problema principal, portanto, é indagar *que espécie de produto* temos diante de nós, em cada caso. O que significa, em nosso caso: em que é que a obra de literatura difere de outros produtos humanísticos?

É importante observar que os teóricos poloneses, trabalhando sob influências metodológicas semelhantes, responderam à indagação de uma maneira muito diversa do grupo da *Opoiaz*. Estudiosos como R. Ingarden, M. Kridl, K. Troczynski, a despeito de muitas diferenças de abordagem, têm uma característica comum evidente na sua definição de literatura: pressupõem o seu caráter *intencionalmente fictício* como um atributo básico. A obra literária, de acordo com Troczynski, é "um mundo de ficções intencionalmente criadas através da palavra escrita".[9] A mesma convicção aparece nas obras de Ingarden e Kridl. O caráter das proposições na obra literária é imaginário, afirma Ingarden. Não são proposições no sentido lógico, desde que não se prestam a ser avaliadas por um critério de verdade e falsidade e não se referem a *qualquer* realidade. Criam um mundo fictício, submetido à intenção de seu criador e à "concretização" desta intenção, que se complementa no processo de percepção do leitor. Uma obra literária consiste em uma quantidade de estratos (chamados *"wartswy"* — "camadas" — por Ingarden): um estrato de sonoridades verbais, um estrato de unidades significativas, um estrato de "aspectos esquematizados" (*"wyglady uschematyzowane"*), e, finalmente, um estrato de objetos apresentados e suas destinações.[10] O estrato de objetos apresentados é colocado, portanto, no nível mais alto e surge dos "estratos" precedentes,

---
(9) K. Troczynski, "Przedmiot i podzial nauki o literature", in *Teoria badan literackich...*

(10) R. Ingarden, *O dziele literackim* (Varsóvia, 1960).

que lhe servem de fundamento. Portanto, o "mundo apresentado" é uma entidade fictícia e independente, sendo submetido a análise como tal.

Na visão de Kridl, o caráter fictício do mundo criado na obra literária torna-se o principal elemento de diferenciação entre as *belles lettres* e outros textos escritos (*pismiennictwo*):

> "O mecanismo da linguagem em uma obra literária não existe para ser 'belo' e nada mais, e sim, para criar uma *nova realidade fictícia* [grifos de Kridl]... E não apenas esse mecanismo, mas todos os artifícios, todos os elementos da obra literária se orientam nessa direção e são subordinados a esse objetivo, tais como os caracteres, o enredo (quando existe) e a composição."[11]

Os membros do grupo da *Opoiaz* concordam com o princípio de verificação da literatura no que diz respeito à "realidade": rejeitam o critério de verdadeiro/ /falso e não estão interessados na personalidade do autor. Mas quanto à essência do próprio produto literário preferem focalizar elementos diferentes. O que surpreende antes de tudo na teoria da literatura da *Opoiaz* é o fato de o mundo fictício não exercer qualquer função que seja, na mesma. Em outras palavras, não existem categorias tais como a de um "mundo apresentado", em sua teoria. O seu conceito de obra literária é inteiramente orientado pelo *caráter conotativo* da obra e, portanto, não há necessidade de apelar para o mundo fictício ("para-universo"), relacionado com o problema da denotação. R. Jakobson, em sua obra inicial, *A novíssima poesia russa,* formulava esse princípio da seguinte maneira: "...a poesia [...] é uma mensagem orientada para a expressão" e "...é governada, por assim dizer, por leis imanentes; [...] a função comunicativa, reservada à linguagem prática e à linguagem emotiva, é aqui reduzida ao mínimo".[12] As ficções ontológicas são, dentro da visão do grupo da *Opoiaz,* substituídas pelas ficções puramente verbais — para usar aqui um termo de Edward Sapir.[13] A tese do *caráter significativo de uma obra literária* é um

(11) M. Kridl. *Wstep do badan nad dzielem literackim* (Wilno, 1936).
(12) R. Jakobson, *Noviéichaia rúskaia poésia* (A novíssima poesia russa — Praga, 1921), p. 10.
(13) E. Sapir, *Language* (New York, 1921).

traço distintivo de todas as obras dos membros da *Opoiaz*. Roman Jakobson em *A novíssima poesia russa*, obra tão fundamental para a primeira fase do grupo, estabelece que o "procedimento" verbal deveria ser "...o único herói da literatura"[14]; Tinianov rejeita a noção de *caracteres* na literatura como sendo uma ontologia ingênua.[15] Chklóvski considera as *dramatis personae* como um mero elemento auxiliar dos "motivos encadeados"[16] — o que nada mais é que o *artifício* postulado por Jakobson.

Resumindo o que aprendemos de nosso conhecimento do grupo da *Opoiaz* até agora, pode-se dizer que a teoria da obra literária se reduz, para os estudiosos russos, a uma *teoria da linguagem poética*. Uma obra literária torna-se portanto um *produto verbal*, já que o seu material é a linguagem.

O próximo problema com que deparamos é analisar de que modo a linguagem poética era compreendida pelo grupo da *Opoiaz*. A noção de "linguagem poética" já era conhecida e bastante utilizada na Rússia desde os estudos de Potiebniá da poesia folclórica eslava.[17] Como já ficou dito atrás, foi Potiebniá quem estabeleceu a diferença entre *linguagem prática* e *linguagem poética*. Nossos teóricos basearam a sua investigação sobre essa mesma dicotomia. O conceito de Potiebniá sobre a linguagem poética estava identificado com o conceito de metáfora. A idéia da linguagem metafórica como um traço distintivo da poesia e de todas as *belles lettres* em geral foi promovida pelo Romantismo. Portanto, o processo criativo como tal, freqüentemente discutido no Romantismo, era habitualmente caracterizado como "pensamento por imagens". Este conceito, naturalmente, era inaceitável para o grupo da *Opoiaz*, na medida em que envolvia necessariamente a personalidade criativa e a psicologia da percepção. A *imagem* de Potiebniá (tanto quanto a dos românticos) é uma categoria visual, complementada na percepção individual e relacionada com o processo

(14) R. Jakobson, *Ibid*.
(15) I. Tinianov, *Problema stikhotvórnovo iaziká* (O problema da linguagem em verso — Leningrado, 1924).
(16) V. Chklóvski, "Kak sdiélan 'Don Kikhót'" (Como é feito o "Dom Quixote"), in *O teórii prózi* (Sobre a teoria da prosa — Moscou, 1925).
(17) A. Poliebniá, *Ob'iasniênia malorúskikh i sródnikh naródnikh piéssien* (Explicações de canções pequeno-russas e afins — Varsóvia, 1883-87).

criativo. De acordo com Chklóvski, "As imagens não são de ninguém, elas são de Deus [...]". Todo o trabalho das escolas poéticas se reduz a uma coleção e exposição de novos procedimentos, a uma configuração e elaboração do material verbal e, em particular, muito mais a uma configuração de imagens do que à sua criação. As imagens são dadas e a poesia tem muito mais a ver com a memorização das imagens do que com o pensamento através delas."[18] Outro objeto de controvérsia foi o conceito de metáfora como a "condensação do pensamento". Potiebniá entende o "pensamento por imagens" como uma percepção da realidade através de uma imagem, que forma "um predicado constante com um sujeito variável".[19] Essa noção de metáfora é um desenvolvimento posterior da filosofia da linguagem de Humboldt, que entendo a língua como uma *energeia* em que a parte mais importante é um predicativo, núcleo de uma estrutura dinâmica. Potiebniá identifica uma metáfora com um predicado, atribuindo-lhe a função da condensação dinâmica da realidade.

Chklóvski discorda, antes de mais nada, da interpretação da metáfora literária como uma condensação do pensamento, porque o objetivo da literatura não é o conhecimento. Somente na "linguagem prática" uma imagem pode ter esta função, pois está "ligada ao pensamento". Na poesia, a metáfora, juntamente com outros tropos, intensifica o efeito artístico, enfoca a atenção do receptor sobre o material da obra literária.[20]

O nível da argumentação acima discutida se relaciona principalmente com a *natureza da metáfora,* problema que foi inicialmente discutido pela filosofia da linguagem dos românticos alemães e posteriormente por Potiebniá. A noção de metáfora como uma imagem visualmente perceptível foi definitivamente descartada pelo grupo da *Opoiaz.* Outro ponto de discussão foi o papel da metáfora como traço distintivo da poesia e particularmente da linguagem poética. Esta tese, proposta por Potiebniá, pela escola "psicológica" dos estudos literários (Ovsiâniko-Kulikóvski) e pelos sim-

(18) V. Chklóvski, "Potiebniá", in *Poética, Sbórniki po teórii poetítcheskovo iaziká* (Poética, Coletâneas sobre a teoria da linguagem poética — Petrogrado, 1919).
(19) Citado segundo Chklóvski, "Potiebniá", *ibid.*
(20) Chklóvski, *ibid.*

bolistas, foi considerada inadequada pelo grupo da *Opoiaz*. Em primeiro lugar a chamada "imagem" pode ser encontrada em muitos níveis da "linguagem prática"; por outro lado, há muitas obras poéticas sem metáforas, sem imagens — para usar a expressão tradicional. Jakobson cita este fenômeno como o ponto crucial para uma teoria da linguagem poética em seu comentário à edição tcheca das obras de Púchkin.[21] Analisa o poema "Eu vos amei" de Púchkin como um exemplo de poesia não-metafórica, baseada apenas em "tropos gramaticais", numa engenhosa seleção de categorias gramaticais, sem quaisquer "imagens".

Examinemos alguns outros conceitos básicos de linguagem poética como fundamento necessário para a compreensão da noção particular dessa linguagem proposta pelo grupo da *Opoiaz*.

O uso mais comum e tradicional deste termo é simplesmente a noção da linguagem poética como a linguagem utilizada na poesia, em contraposição à que é usada na "prosa", isto é, na linguagem falada. Uma tal definição estabelece uma conexão puramente superficial entre os meios verbais tradicionalmente usados na literatura e um certo tipo de literatura: poesia. Uma tal idéia da linguagem poética se confunde em princípio com o conceito tradicional de *estilo* como um padrão de tropos e figuras ("estilo poético").

Outra versão focaliza a dicotomia entre a função "expressiva" *versus* função comunicativa da linguagem. A noção de "expressividade" tem de ser compreendida como a relação intrínseca entre o conteúdo e o seu meio verbal. Tal compreensão da linguagem poética aproxima estreitamente a escola de Potiebniá, por um lado, e por outro, os caminhos pós-croceanos e os ensinamentos de Vossler em particular.

Os estudiosos da *Opoiaz*, embora retendo a dicotomia da linguagem poética *versus* linguagem prática, introduzem uma nova concepção da primeira: a linguagem *em sua função poética* em contraposição à sua *função comunicativa*, no caso da linguagem "prática". Mas a noção da "função poética" da linguagem pode ter, por sua vez, vários significados diferentes. Eis o ponto de vista corrente do estruturalismo, introduzido

(21) *Vybrané spisy Puskina* (Praga, 1936).

por R. Jakobson: "A função poética projeta o princípio de equivalência do eixo de seleção para o eixo de combinação".[22] A seleção e a combinação se baseiam respectivamente no princípio de equivalência e no princípio de contigüidade. Dos dois tropos básicos, a metáfora é ligada à equivalência e outras espécies de similaridade, enquanto que a metonímia se relaciona com a contigüidade. Pelo cruzamento desses dois eixos obtemos a característica superposição da metáfora e da metonímia, que resulta numa inevitável ambigüidade da mensagem poética.

"A similaridade superposta à contigüidade confere à poesia sua total essência polissemântica, múltipla e simbólica [...]. Na poesia, onde a similaridade é superposta à contigüidade, qualquer metonímia é levemente metafórica e qualquer metáfora tem algum matiz metonímico.

A ambigüidade é um caráter intrínseco, inalienável de qualquer mensagem autoconcentrada, em suma, um traço resultante da poesia."[23]

Bem próximo a tal compreensão da função poética em seu resultado final, permanece G. Vinokur:

"[...] o verdadeiro significado de uma palavra poética nunca se limita aos seus significados literais [...]. A peculiaridade básica da linguagem poética, como uma função lingüística especial, reside precisamente no fato de que o conteúdo 'mais amplo' ou 'mais remoto' não tem a sua própria forma sonora separada, mas em vez disso utiliza a forma de outro conteúdo, literalmente compreendido."[24]

Em outras palavras, defrontamo-nos outra vez com a noção de *ambigüidade* da palavra poética, que se deve à sua particular organização. Temos a ver aqui com a cobertura do campo semântico inteiro, todos ou vários de seus significados contextuais, por meio de um elemento gramatical.

Além do mais, Vinokur sublinha que a palavra poética é necessariamente enraizada na linguagem prática e não pode existir sem ela:

(22) R. Jakobson, "Linguistics and Poetics", in *Style in Language*, ed. Thomas A. Sebeck, p. 358 (em português em *Lingüística e Comunicação*, ed. Cultrix).
(23) *Ibid.*, pp. 370-371.
(24) G. O. Vinokur, "Poniátie poetítcheskovo iaziká" (Compreensão da linguagem poética), in *Izbranie rabóti po rúskomu iaziku* (Obras escolhidas sobre a língua russa — Moscou, 1959), p. 390.

"...a palavra poética surge na palavra verdadeira como uma função particular desta, exatamente como a poesia surge de nosso circunstante mundo de realidade."[25]

A conexão necessária entre linguagem poética e prática e a primazia desta última é bastante marcada por J. Kurylowicz em sua obra sobre a linguagem poética enfocada do ponto de vista lingüístico:

"Os membros da oposição prática/poética não têm direitos iguais: o primeiro deve existir para a existência do segundo, mas o primeiro pode existir sem o segundo..."[26]

Os métodos usados pelos membros do grupo da *Opoiaz*, contrastando com todos que foram acima discutidos, conduziram de fato a um completo rompimento entre linguagem prática e poética. Na opinião deles a linguagem poética cria um sistema, cujos principais pontos mostram um *desvio da norma*, isto é, da linguagem prática. O ponto principal a ser destacado é que, na pesquisa de uma invariante absolutamente objetiva do sistema, o grupo da *Opoiaz* rejeitou aqueles estratos da linguagem que se relacionam com os fenômenos mentais. Na linguagem, contudo, o que é mental pertence ao domínio da semântica e por isso os problemas semânticos também são rejeitados em larga escala por esse grupo. Nisso o método da *Opoiaz* difere basicamente de todos os outros métodos mencionados, que em outros sentidos mostram uma estreita relação com os estudiosos russos. Daí porque, antes de mais nada, o problema do *mundo apresentado* teve naturalmente de ser excluído de suas pesquisas. A linguagem poética, na interpretação da *Opoiaz*, é um sistema de signos de natureza peculiar, ou seja, um sistema de *procedimentos* (*priom*), enquanto que a linguagem prática é o sistema de signos automatizados. A questão que se coloca é saber qual é a natureza desse *priom*, isto é, que espécie de signos compreende o sistema da linguagem poética.

A fim de esclarecer esta questão fundamental, retornemos às doutrinas de Saussure e Husserl.

(25) *Ibid.*, pp. 390-391.
(26) J. Kurylowicz, "Jezyk poetycki ze stanowiska lingwistycznego", *Esquisses linguistiques* (Wroclaw-Cracóvia, 1960), p. 303.

De acordo com Saussure, a linguagem (*langue*) é separada do espécime individual criador; não surge como uma *função* desse espécime, mas como um *produto*. Ao mesmo tempo, contudo, Saussure nos indica os fatores fisiológicos, físicos e *psíquicos* no *ato da fala* (*parole*), que é a fonte da linguagem. Saussure coloca a linguagem nesse ponto do "circuito da fala" ("*circuit de la parole*") em que "a imagem sonora se associa ao conceito".[27] Em outras palavras, para Saussure a idéia de *objetividade* na linguagem, separada do espécime individual falante, não é de modo algum reduzida aos elementos puramente físicos ou fisiológicos. Pelo contrário, os signos da linguagem são "psíquicos pela sua natureza". A linguagem é "...um sistema de signos em que o mais essencial é a união do conceito e da imagem acústica e em que as duas partes do signo são igualmente psíquicas".[28] A linguagem é "concreta pela sua natureza" porque os seus signos constituem "...associações ratificadas pelo acordo coletivo..." e estas associações "...são realidades que têm a sua sede no intelecto".[29] Os signos da linguagem são, além disso, *tangíveis,* no sentido de que podem ser fixados em uma forma escrita.[30] O que precisamente se recorda na forma escrita é uma *imagem acústica* que pode também ser transportada por uma certa *imagem visual*.

Husserl também sublinha o caráter objetivo do fenômeno da linguagem, sua independência do espécime individual. Segundo ele a linguagem é intersubjetiva, o que recorda a atitude de Saussure quando fala de "associações ratificadas pelo acordo coletivo".

Quanto a outros aspectos da interpretação do signo, desde Sócrates até nosso tempo,[31] seu caráter dual sempre foi assinalado: cada signo compõe-se de um *signans* e de um *signatum,* isto é, de uma parte física e de uma parte "inteligível".[32] Na descrição de Husserl,

(27) F. de Saussure, *Cours de linguistique générale* (Paris, 1929), p. 29.
(28) *Ibid.,* p. 32.
(29) *Ibid.,* p. 32.
(30) *Ibid.,* p. 32.
(31) Vide Platão, "Crátilos"; v. também R. Jakobson, "The Quest for the Essence of Language", *Diogenes,* 51 (1965) (em português, ed. cit.).
(32) Cf. Jakobson, *op. cit.*

a parte inteligível é chamada simplesmente de "significado" (*Bedeutung*), que é, na terminologia de Husserl, o modo pelo qual o objeto é apresentado. Portanto, a função de um signo é dupla: ele *denota*, isto é, refere-se a um *objeto*, e *conota*. Deste modo, o "significado" é uma parte da conotação; em outras palavras, pertence ao próprio signo.[33]

Na teoria do grupo inicial da *Opoiaz*, um signo na linguagem poética é caracterizado como sendo *puramente fônico*. O signo poético era desprovido de significado, que seria aparentemente identificado com um referente, o próprio objeto. Como I. Lotman assinalou em seu recente livro sobre poética "...nas obras dos chamados 'formalistas' as noções básicas de *conteúdo e especificidade da poesia* tenderam a ser *não-formalizadas* e conseqüentemente a não serem levadas em consideração".[34] Os "formalistas" não formalizaram problemas de significado, ou seja, não lidaram com os estudos semânticos.

As obras dos estudiosos da *Opoiaz* mostram eloqüentemente que o seu interesse estava focalizado estritamente na natureza do som e nos padrões sonoros do texto literário.

L. Iakubínski assegura que na linguagem prática "...os sons não emergem para o campo luminoso da consciência..."[35] enquanto que na linguagem poética permanecem constantemente dentro desse campo. Em outro artigo, de 1917,[36] Iakubínski tenta assinalar outro traço distintivo da linguagem poética em seu nível sonoro. Adverte a ausência de dissimilação de consoantes líquidas na linguagem poética, ocorrendo o fenômeno oposto: acumulação de líquidas. Por outro lado, esta dissimilação é uma regra da linguagem prática. Iakubínski contudo não leva em conta que o mesmo fenômeno pode ser observado tanto na linguagem prática quanto na linguagem poética, residindo a principal

(33) Husserl, *op. cit.*
(34) I. Lotman, *Léktzii po structurálnoi poétike* (Aulas de poética estrutural), *Trudi po znakovím sistiêman* (Obras sobre sistemas de signos, I. Tartu, 1964). p. 12 (grifos meus).
(35) L. Iakubínski, "O zvúkakh stikhotvórnovo iaziká" (Sobre os sons da linguagem em verso), *Poética. Sbórnik po teórii poetitcheskovo iaziká*. I (Petrogrado, 1916), pp. 16, 30.
(36) L. Iakubínski, "Skopliênie odinákovïkh plávnikh v practítcheskom i poetítcheskom iazikákh" (A concentração de líquidas iguais na linguagem prática e na poética), in *Poética. Sbórniki po teórii poetítcheskovo iaziká* (Petrogrado, 1919).

diferença nas *funções* conduzidas por tal fenômeno nesses dois diferentes códigos. R. Jakobson, em seu destacado livro, *Sobre o verso tcheco*, demonstrou o erro de Iakubínski da seguinte maneira:

"... a dissimilação de consoantes líquidas é possível tanto na linguagem prática quanto na poética, mas na primeira é condicionada enquanto na última, por assim dizer, tem um alvo próprio. São portanto dois fenômenos diferentes."[37]

Desses "dois fenômenos diferentes", como o autor assinala em nota ao pé de página, o primeiro é de natureza fonética e o último de natureza "eufônica". Isto é, a linguagem poética se relaciona com uma particular orientação sonora de um determinado material fonético.

Os estudos de Iakubínski mostram o esforço dos jovens estudiosos russos para delimitar a noção de linguagem poética, já que, como afirma Jakobson, "... enquanto o fato da peculiaridade da linguagem poética é realmente aceito, a questão da essência dessa peculiaridade permanece inexplorada e, portanto, a noção da poeticidade da linguagem não tem ainda limites claramente definidos".[38]

Os problemas de estrutura sintática também foram visualizados pelos membros do grupo da *Opoiaz* em um nível estritamente fônico. Óssip Brik analisa o paralelismo sintático como uma "repetição sonora" (*zvukovói povtor*)[39] que está totalmente subordinada à organização rítmica na poesia. Já em 1916 B. Kuchner mostrava a simetria dos padrões sonoros em alguns dos poemas de Púchkin. Salienta em suas conclusões que "na organização sonora das obras poéticas encontram-se uma ordem exata, uma simetria estrita, o mesmo princípio matemático que se observa nas seqüências de tons na música".[40]

Em quase todas as obras do grupo da *Opoiaz* e mesmo posteriormente (depois de 1923) encontramos na análise de textos literários a primazia da função do som em relação a outras categorias como "conteúdo",

(37) R. Jakobson, *O tchéskom stikhé prieimúchchestvieno v soposstavliênii s rúskim* (Sobre o verso tcheco, sobretudo em comparação com o russo — Berlim, 1923).
(38) *Ibid.*, p. 16.
(39) O. Brik, "Zvukovie povtóri" (Repetições sônicas) in *Poética* (Petrogrado, 1919).
(40) B. Kuchner, "O zvukovói storonié poetítcheskoi riétchi", (Sobre o aspecto sônico do discurso poético) in *Sbórniki*... I, p. 49.

LILY BRIK

"significado" ou "objeto". Esse mesmo traço se reflete na lei das *etimologias poéticas*: observa-se na poesia que a conjunção de palavras de sons semelhantes cria um novo "significado".[41] Aqui se nota claramente o paralelo com as teorias estéticas dos futuristas russos, particularmente o seu conceito de "palavra autoforjada" (*samovítoie slovo*) e "linguagem transracional" (*zaúmni iazik*). Assim, por exemplo, Jakobson afirma:

"A importante eficácia do neologismo poético está em não ter objeto. Aqui funciona o princípio da etimologia poética; a forma verbal é experimentada, [...] mas o que Husserl denomina 'dinglicher Bezug' (referência de objeto) está ausente."[42]

Posteriormente, em sua introdução ao *Kaliendar* (Calendário), de Krutchônikh, Pasternak dá uma definição semelhante da poesia "transracional": poesia sem referência — sonoridade pura e palpável que pode evocar novos "referentes".[43] A "experiência de um som puro" ou de uma forma verbal é dada como a essência da expressividade na linguagem poética. A questão a saber é em que termos esta experiência foi descrita. Encontraram-se basicamente duas conclusões. A primeira, e a mais importante, é a explicação sinestésica. De acordo com essa explicação, a acumulação de algumas características sonoras (a tão falada "instrumentação", na terminologia de Andréi Biéli) evoca associações com sensações cognatas, como p.ex. cores. Chklóvski, em seu artigo "Sobre poesia e linguagem transracional" cita *"Ad Astra"* de V. Ivanov:

"O conjunto fonético de um poema melódico parece mostrar preferência pela vogal *u*, ora baça e meditativa, [...] ora esfumaçada e sombria; o matiz obscuro deste som é conduzido pela rima ou reforçado pelas sombras dos grupos consonantais que o envolvem [...]."[44]

Depois de citar confirmações de Kiterman e Grammont, o próprio Chklóvski faz o seguinte comentário:

(41) Cf. R. Jakobson, *Noviéichaia rúskaia poésia*.
(42) *Ibid.*, p. 47.
(43) B. Pasternak, "Vzamién priedislóvia" (Em lugar de prefácio), *Kaliendar* (A. Krutchônikh — Moscou, 1926).
(44) V. Chklóvski, "O poésii i zaúmnom iazikié" (Sobre poesia e linguagem transracional), *Sbórniki*... I, p. 3.

"Os testemunhos referentes ao aspecto sombrio e obscuro do som |u| são muito precisos em quase todos os observadores."[45]

No mesmo livro, Iakubínski também dedica um artigo à investigação dos valores específicos dos sons, do ponto de vista psico-fisiológico. Suas conclusões são as seguintes:

"[...] na penetração da linguagem poética os sons emergem para dentro do campo luminoso da consciência; desta conexão surge a atitude emotiva em relação aos mesmos; este fato, por sua vez, nos leva a estabelecer uma certa relação entre 'o conteúdo' do verso e sua estrutura sonora; esta última é também reforçada pelos movimentos expressivos dos órgãos da fala."[46]

Esta forma de abordagem sinestésica dos aspectos sonoros do verso é obviamente uma operação pré-fonológica.

Outra explicação da "experiência da forma" se relaciona ao *aspecto fisiológico* da linguagem poética. Também aqui o problema é enquadrado por Chklóvski. No artigo citado acima ele observa:

"Na fruição da 'palavra transracional', sem significado, o lado articulatório, uma sui generis *dança dos órgãos da fala*, causa (no leitor) a maior parte da fruição poética."[47]

Esta espécie de abordagem é também característica de algumas obras posteriores dos membros da *Opoiaz,* como p.ex. Eikhenbaum em seu estudo sobre Ana Akhmátova[48] e no seu famoso artigo sobre "O capote" de Gógol, que será posteriormente discutido neste ensaio.

Encontramos duas direções mestras nos esforços do grupo da *Opoiaz* para descobrir as leis da linguagem poética. Uma dessas direções é a afirmação da existência de limites precisos entre a linguagem prática e a linguagem poética; a outra é a demonstração de que a palavra poética é expressiva em virtude de sua própria estrutura sonora, especificamente organizada e per-

(45) *Ibid.*
(46) L. Iakubínski. "O zvúkakh poetítcheskovo iaziká" (Sobre os sons da linguagem poética), *Sbórniki...* I, p. 30.
(47) *Ibid.*, p. 12.
(48) B. Eikhenbaum, *Ana Akhmátova. Ópit análisa* (Ana Akhmátova. Tentativa de análise), Acadiêmia (Petrogrado, 1923).

cebida. É mais do que lógico que, dentro dessa perspectiva, o estudo do verso tenha se tornado a mais importante área de interesse para os jovens estudiosos russos. Antes de tudo porque, diante da estrutura do verso, a organização particular da linguagem pode ser facilmente demonstrada, e portanto os limites precisos da linguagem poética podem ser revelados. A predominância da organização rítmica sobre a organização lógico-sintática foi o ponto mais acentuado pela pesquisa da *Opoiaz,* surgindo subseqüentemente a idéia de *deformação.* Neste ponto reside a explicação do grande interesse demonstrado pelo estudo do verso e do progresso alcançado no mesmo.

Os estudiosos russos foram os primeiros a distinguir o conceito de ritmo do conceito de metrificação. O precursor da *Opoiaz* neste sentido foi A. Biéli, que definiu o ritmo como a soma das cadências não preenchidas na metrificação.[49] A descrição do ritmo estabelecida pela escola da *Opoiaz* era basicamente semelhante: desvio da metrificação.[50]

Entretanto, as concepções sustentadas na fase inicial evoluíram gradativamente para noções muito modernas: Tomachévski (que foi também o primeiro a aplicar um método estatístico inteiramente científico no estudo do verso) em suas últimas obras define o ritmo como o perfazimento do metro em um determinado material lingüístico.[51] R. Jakobson foi o primeiro, no período inicial da *Opoiaz,* a analisar o ritmo como um efeito recíproco entre as leis lingüísticas e os princípios métricos.[52]

Os modernos estudos estruturais da métrica devem muito às análises da *Opoiaz* quando definem o ritmo como variações métricas.[53] Toda a experiência

(49) A. Biéli, *Ritm kak dialéctica i "Miédni vsádnik"* (O ritmo como dialética e "O cavaleiro de bronze" — poema de Púchkin — N. de O.), Moscou, 1929.
(50) Cf. B. Tomachévski, *Rúskoie Stikhoslojênie. Miétrica* (Versificação russa. A métrica, Petrogrado — 1923); *O stikhé* (Sobre o verso — Leningrado — 1929); V. Jirmúnski, *Vviediênie v miétricu* (Introdução à métrica — Leningrado, 1925).
(51) B. Tomachévski, *Stikh i iazik; filologuítcheskie ótcherki* (O verso e a língua, ensaios filológicos — Moscou; 1959).
(52) R. Jakobson, *O tcheskom stikhé...*
(53) Cf. R. Jakobson, "Linguistics and Poetics" in *Style in Language;* K. Taranovski, *Russk dvodelni ritmovi,* I-II (Belgrado, 1935); vide também seu "Metode i zadaci sovremene nauke o stihu kao discipline na granici lingvstike i istorije književnosti", III *Medunarodni kongres slavista, Izdanj Izvršnog Odbora,* 4 (Belgrado, 1939).

41

do período "formalista" foi necessária aos estudiosos modernos a fim de chegarem a essa conclusão.

A idéia de deformação também figurou de modo destacado na análise do *enjambement*. Este é considerado como o rompimento da linha melódica (ou entonação do verso). Tinianov, tratando do *enjambement* em seu conhecido estudo sobre a ode, denomina-o seguidamente de "deformação entonacional".[54] Atualmente, o tratamento desta "figura rítmico-entonacional" (termo introduzido pelo grupo da *Opoiaz*) deslocou-se outra vez para uma concepção mais dialética. O *enjambement* é definido como a tensão entre a linha sintático-entonacional e a linha do verso.[55]

Além dos estudos estritamente voltados para a métrica, também se tentou, sob a inspiração da obra *Rhythmisch-melodische Studien* (Estudos rítmico-melódicos) de E. Sievers, empreender uma análise da "melodia do verso" (*mielódika stikhá*), assunto sobre o qual apareceram numerosos artigos no primeiro volume de *Sbórniki po teórii poetítcheskovo iaziká* (Coletâneas sobre teoria da linguagem poética), e posteriormente em *Poética*.[56] O primeiro estudo completo nesse sentido foi publicado por B. Eikhenbaum, *A melódica do verso lírico russo*.[57] Nesta obra, o autor descreve a relação dos acentos frásicos e da entonação da sentença com os padrões métricos do verso lírico russo. Sobre esta base Eikhenbaum estabelece uma tipologia de três estilos de verso: o retórico, o melódico (*napiévni stil*) e o coloquial ou "falado" (*razgovórni stil*).

Mostramos que os integrantes da *Opoiaz* estudaram a linguagem poética particularmente como padrões sonoros especiais. Poderíamos dizer que esta tarefa foi satisfatoriamente preenchida por eles no que diz respeito ao estudo da poesia. Desde o começo da história da arte e, pelo menos na Rússia, até a segunda metade do século XIX, a literatura artística foi identificada apenas com a poesia e, conseqüentemente, a

---

(54) I. Tinianov, "Oda kak orátorski janr" (A ode como gênero oratório), *Poética III* (Leningrado, 1927), p. 107.
(55) Vide R. Jakobson, *op. cit.*; K. Taranovski, "Some Problems of Enjambement in Slavic and Western European Verse", IJSLP, VII (1963).
(56) Vide *Sbórniki po teórii poetítcheskovo iaziká* (Coletâneas sobre teoria da linguagem poética — Petrogrado, 1916), e *Poética IV* (Leningrado, 1928).
(57) B. Eikhenbaum, *Mielódica rúskovo lirítcheskovo stikhá* (Crônica da Casa dos Literatos, 1921).

linguagem poética significou sempre a linguagem da poesia. Mas os jovens estudiosos russos de literatura não poderiam se satisfazer com tais limites desde que trabalhavam em uma época na qual a prosa também era aceita como arte. Sua definição básica era: o estudo da literatura é o estudo da linguagem poética; a prosa, portanto, tem de ser incluída e investigada pelos mesmos princípios metodológicos que regem o estudo da poesia.

Análise da prosa

Em primeiro lugar, a prosa foi estudada como a mesma espécie de procedimento sônico que a poesia. A "palavra-coisa" (*slovo-viechch*, de acordo com Chklóvski), como entidade sonora, exerceu outra vez a função princpial. Existem dois fatores básicos a estudar na prosa: a narrativa e os caracteres. O estudo clássico da narrativa baseado em fatores sonoros foi escrito por B. Eikhenbaum sobre "O capote" de Gógol.[58] Tomando como ponto de partida a afirmação de que "O capote", como a maior parte dos contos de Gógol, é, do ponto de vista da composição, determinado pela *narrativa* de tipo oral (*skaz*),[59] e que este tipo particular de narração tem um *estilo imitativo* (*vosproizvodítielni skaz,* como oposto ao simplesmente narrativo, *poviéstvuiuchchi skaz*), o Autor constrói sua análise sobre o conceito de *gesto sonoro* (*zvukovói gest*).

A teoria do gesto sonoro, referida por Chklóvski em seu artigo *"O poésii i zaúmnom iazikié"* (Sobre a poesia e a linguagem transracional) e também por Iakubínski em seu estudo *"O zvúkakh poetítcheskovo iaziká"* (Sobre os sons da linguagem poética), ambos discutidos anteriormente, relacionava-se com a teoria contemporânea da percepção.[60] Esta teoria estava obviamente baseada em dados empíricos e do comportamento individual, podendo ser referida à *Psychology* de William James, entre outras fontes. De acordo com essa teoria, um *gesto* é qualquer signo material da vida interna do homem. Conseqüentemente, a arte é um

(58) "Kak sdiélana 'Chiniel' Gógolia" (Como é feito "O capote" de Gógol), *Poética* (Petrogrado, 1919).
(59) Vide V. Vinogradov, *Etiúdi o stile Gógolia* (Estudos sobre o estilo de Gógol — Leningrado, 1926).
(60) Vide M. S. Grigóriev, *Vviediênie v poéticu* (Introdução à Poética), Parte I (Moscou, 1924).

gesto, no sentido de ser uma manifestação da vida interna do artista, formalizada em um material determinado: cor, som ou palavra.

A teoria do gesto, vigorosamente elaborada pelos membros da *Opoiaz*, foi por eles aplicada a diversas esferas do estudo da linguagem. Chklóvski, em seu artigo acima mencionado, se refere geralmente a uma fisiologia dos sons poéticos especialmente padronizados. Iakubínski mostra, mais profissionalmente, o mecanismo do aparelho articulatório e seu efeito sobre a linguagem poética. O lingüista E. Polivanov, em seu famoso estudo *"Po póvodu zvukovikh gestov iapónskovo iaziká"*, tenta colocar na mesma classe os gestos *sensu stricto* e todos os elementos da linguagem que podem ser classificados como 1) espontâneos e congênitos, e portanto, 2) universais.[61] Esse amplo interesse pela teoria do gesto, é desnecessário dizê-lo, foi evocado pela necessidade de encontrar termos científicos para definir a natureza do som da fala como o *material* da obra literária.

De acordo com Eikhenbaum, a narrativa em "O capote" é "...um sistema de vários gestos mímico--articulatórios"[62], isto é, uma seleção e combinação de sons, que Eikhenbaum descreve em termos fisiológico--articulatórios. Estes "gestos mímico-articulatórios", graças à sua configuração, são dotados de particular expressividade e sua função é transmitir os gestos e a mímica *sensu stricto* de um narrador (o gesto = um signo). O som é uma função primordial na obra de Gógol. Não existe outro princípio de construção em "O capote" que a seleção e combinação de sons. A estrutura lógica é, portanto, deformada. Desvios de construções significativas são ilustradas pelas famosas seqüências paralógicas, chamadas por Eikhenbaum de "jogos de palavras" (*calambúri*). Em lugar do sentido lógico ocorre o procedimento da "atuação sonora" (*priom zvukovovo vozdiétsvia*). Por exemplo, o nome *"Akáki Akákievitch* é uma seleção de sons bastante explícita".[63] O efeito cômico desse nome não se limita

---

(61) E. Polivanov, "Po póvodu zvukovikh gestov iapónskovo iaziká" (Sobre os gestos sonoros da língua japonesa), *Sbórniki*... I (Petrogrado, 1916).

(62) "Kak sdiélana 'Chiniel' Gógolia" in *Skvoz litieratúru* (Através da literatura, 's-Gravenhage, 1962), p. 172.

(63) *Ibid.*, p. 172 (grifos de Eikhenbaum).

a uma "simples excentricidade" mas resulta "...de uma seleção que prepara, pela sua impressionante monotonia, um nome engraçado, Akáki, e ainda por cima, Akákievitch, que soa de tal forma que parece um apelido, um cognome em vez de um nome, trazendo uma semântica fonética interna".[64]

O resultado de tudo isso é que "...as palavras quase não são percebidas como unidades lógicas, como signos ou conceitos — são desintegradas e reunidas de novo segundo o princípio da 'palavra-som' (*zvukoriétch*)".[65]

O efeito de todas as operações feitas sobre as palavras é que elas "tornam-se estranhas".[66]

A análise acima apresentada tem a ver somente com a narrativa, e além disso com a narrativa de um tipo particular. Eikhenbaum sugere em outro artigo[67] que toda prosa poderia ser estudada como linguagem oral, já que a origem de qualquer narrativa é oral. Este propósito, contudo, jamais chegou a ser desenvolvido, nem por ele nem pelos seus colegas de estudo.

O segundo elemento da prosa — a personagem — foi submetido a uma tentativa semelhante de análise. Tinianov pediu aos críticos para abandonar o seu ingênuo conceito de uma personagem literária tomada no sentido ontológico de um ser real. A personagem, como todos os outros procedimentos de uma construção literária, depende ontologicamente dos objetivos artísticos gerais de um determinado momento. É portanto um elemento móvel e não estático, sofrendo todas as mudanças requeridas por qualquer objetivo artístico do momento, como, por exemplo, a dupla luminosidade nas telas de Rembrandt.

"Não há personagem estática, mas apenas dinâmica. Que haja apenas o signo da personagem, o nome da personagem, e já não precisaremos perscrutar em cada caso a personagem em si mesma."[68]

(64) *Ibid.*, p. 180.
(65) *Ibid.*, p. 182.
(66) *Ibid.*, p. 183.
(67) "Iliúsia skaza" (A ilusão do gênero *skaz*), *Skvoz litieratúru* (Leningrado, 1924).
(68) I. Tinianov, *Problema stikhotvórnovo iaziká* (O problema da linguagem em verso), p. 9.

Também é possível tratar uma personagem como um puro signo. Isso ocorre na medida em que nossa atenção se concentra sobre o nome do herói:

"Muitas vezes o próprio signo, o próprio nome, é a coisa mais concreta de uma personagem. Cf. os nomes onomatopaicos em Gógol; a concreção, evocada pela nitidez articulatória, é muito forte."[69]

Deste modo Tinianov propõe uma abordagem da personagem literária como um puro procedimento, cujo caráter sígnico é, afinal, um som. Nisso, ele segue os princípios de Eikhenbaum. Em seu estudo de 1921, "Gógol e Dostoiévski. Para a teoria da paródia", Tinianov analisa os caracteres de Gógol como "máscaras verbais" (*sloviésnie máski*) em que a função do som é primária e essencial, desde que, diz ele, quando Gógol ouve um nome está vendo tudo sobre a aparência da pessoa. A espécie de análise aplicada por Eikhenbaum e Tinianov em relação ao caso de Gógol não poderia, contudo, ser aplicada sucessivamente a *toda* a prosa artística. Seria inútil nos casos em que a narração não exerce uma função determinante e em que o *enredo* é estruturalmente importante.

Juntamente com a tentativa de apresentar a prosa como um procedimento sonoro, existiu outra: a de defini-la como *procedimento de enredo*. Víctor Chklóvski foi o principal proponente dessa atitude, ao descrever a prosa artística em termos de tropos e figuras.[70] O principal procedimento de sua organização é um *siujét*, um enredo, que é nitidamente diferenciado da *fabulação*. O termo "enredo" foi tradicionalmente usado sem distinções juntamente com o termo "fabulação", passando esse conceito a ser integrado na tematologia literária. Em seguida, ao ser considerado como um procedimento organizador da prosa, torna-se conseqüentemente uma categoria "formal". Portanto, de acordo com Chklóvski, *siujét* não é apenas um conjunto de fatos organizado em uma seqüência regular de tempo ("do princípio para o fim"). Os fatos poderiam também ser apresentados "do fim para o princípio" — segundo os "procedimentos de tempo". Além

(69) *Ibid.*, p. 124.
(70) V. Chklóvski, *O teórii prósi* (Sobre a teoria da prosa — Moscou, 1925, primeira edição).

do mais, não é *apenas* a seqüência de fatos, inclui todos os outros procedimentos também — tais como digressões em meio à narrativa — que participam da forma geral da obra de ficção.[71]

De acordo com esses fundamentos, a figura da personagem pode ser reduzida ao mesmo procedimento. Às vezes, é "o eixo em que os motivos se encadeiam", como demonstra Chklóvski a propósito do *Dom Quixote*,[72] outras vezes é um "paralelismo caracterológico" como acontece em *Ana Kariênina*.[73]

Como se pode ver, a abordagem chklovskiana da obra literária foi levemente diversa da de seus colegas estudiosos da métrica. O principal objetivo de seu estudo não é de modo algum o *som*. Não pesquisava a *natureza material* da linguagem poética. Definia o caráter inerente de seu procedimento como "a forma dificultada" (*zatrudniônaia forma*). Conseqüentemente, Chklóvski estava mais empenhado em pesquisar o tipo de relações entre as partes — os tropos — que se organizavam em um conjunto — o *siujét*. Eis por que o seu principal interesse é o *siujét* e a sua organização.[74] O conceito de "forma difícil", que pode ser definido como o modo de abolir a automatização da percepção, é, por sua vez, totalmente baseado nesta última. Eis a própria declaração de Chklóvski a esse respeito:

"Se tentarmos analisar as leis gerais da percepção, veremos que as nossas ações, por serem habituais, parecem automatizadas [...]. Assim, com o propósito de retornar à palpabilidade da vida, de voltar a sentir as coisas [...] existe alguma coisa que é chamada de arte. O objetivo da arte é o de dar palpabilidade às coisas, como uma visão direta, não como um reconhecimento; o procedimento da arte é o de tornar as coisas 'estranhas', configurando uma forma difícil que *aumenta a dificuldade e o tempo de percepção, pois um processo perceptivo em arte é autodirigido e passível de ser prolongado*; a arte

(71) Vide também, a esse respeito, V. Erlich, *Russian Formalism* ('s-Gravenhage, 1955).
(72) V. Chklóvski, "Kak sdiélan 'Don Kikhót', *op. cit.*
(73) V. Chklóvski, "Paraléli u Tolstovo" (Os paralelos em Tolstói), in *Khod koniá* (O passo do cavalo — Moscou — Berlim, 1923).
(74) Cf. os títulos dos principais artigos de Chklóvski em *O teórii prósi*: "Siujét kak iavliênie stília" (O enredo como fenômeno de estilo), "Razviértivanie siujeta" (O desenrolar do enredo), "Sviaz priomov siujetoslojênia s óbchchimi priómami stília" (Ligação dos procedimentos de composição do enredo com os procedimentos gerais do estilo).

47

CAPA DO LIVRO DE VÍCTOR CHKLÓVSKI, *KHOD KONIA*
(O PASSO DO CAVALO), 1923.

é um meio de experimentar a fabricação de uma coisa — e clichê ou falta de originalidade não tem significação para a arte."[75]

Afirmação semelhante foi feita posteriormente por Jakobson, em termos lingüísticos, mais precisos, que mostram influências do pensamento husserliano:

"A função da poesia é indicar a falta de identidade entre o signo e o objeto. Por que precisamos nos lembrar disso? Porque *estando sempre conscientes da identidade do* signans *e do* signatum *sentimos ao mesmo tempo a necessidade de sua inadequação*: sem esta antinomia fundamental a conexão entre um signo e seu objeto automatizar-se-ia e o sentido da realidade desapareceria."[76]

Alguns teóricos vêem nessa tendência uma conexão entre os "formalistas" e a escola de Potiebniá.[77]

O desvio do estudo das entidades sonoras para a investigação da "forma dificultada" modificou a atitude formalista em relação à noção do "material" que serve para "produzir literatura". Este seria a própria linguagem:

"Enquanto que a arte figurativa (pintura, escultura, etc) é a configuração do material em si mesmo significante das representações visuais, enquanto que a música é a configuração do material sonoro, e a coreografia, dos gestos, em si mesmos significantes, a poesia é a configuração das palavras em si mesmas significantes e — como diz Khliébnikov — que têm 'a si mesmas como objetivo'."[78]

Assim, de acordo com Chklóvski, o "material" poético é tudo o que o artista pode encontrar ao seu alcance: palavras, sons verbais, mas também imagens[79] e motivos literários. Aqui encontramos uma conexão entre Chklóvski e A. Viessielóvski, famoso comparatista russo, autor da teoria dos "motivos errantes".[80] Dessa

(75) "Iskustvo kak priom" (A arte como procedimento), in *O teórii prósi*, pp. 104-105 (grifos meus).
(76) R. Jakobson, "Co je poesie?", *Volne smery*, XXX (Praga, 1933-34), pp. 229-239 (grifos meus).
(77) Cf. L. Vigótski, *Psikhológuia iskustva* (Psicologia da Arte, — Moscou, 1965).
(78) R. Jakobson, *Noviéichaia rúskaia poésia* (A novíssima poesia russa), pp. 10-11.
(79) "As imagens não são de ninguém, são de Deus", diz Chklóvski, polemizando com o conceito de "pensamento por imagens". Vide p. 18 deste livro.
(80) Ver principalmente A. Viessielóvski, *Poética* (1913).

49

teoria de Viessielóvski segue-se logicamente que todos os motivos literários de todas as nações podem ser localizados no folclore e nos tempos pré-históricos, e que portanto a quantidade desses motivos é limitada. Podem então ser considerados como um "material já pronto", estando sempre ao alcance do artista e não "nascendo de sua imaginação".[81]

Apesar dessas diferenças entre os estudiosos dos padrões sonoros e os investigadores do "procedimento do *siujét*", todos permaneceram basicamente no mesmo terreno da metodologia sensualística. O seu tratamento do "material" da arte verbal (com algumas ligeiras exceções) se reduziu à noção de alguma coisa empiricamente palpável e conseqüentemente passiva, indiferente, alguma coisa que poderia ser completamente "deformada" no processo de criação da "forma" (= arte). Não levaram em conta que "...na poesia o *próprio material* já tem um caráter dinâmico [...] Esse material não é passivo, como a argila, por exemplo, que é moldada pelo escultor [...] Já é dotado de um certo poder e de uma certa configuração antes que o poeta empreenda a sua tarefa de dar-lhe uma forma".[82]

Já dissemos que a principal razão desse tipo de abordagem estava ligada à luta contra o psicologismo tradicional nos estudos literários. Examinemos agora os estímulos imediatos da elaboração da metodologia empírica do grupo da *Opoiaz*.

Antes de tudo devemos nos lembrar da teoria geral da arte de O. Walzel. De acordo com ele a forma é alguma coisa que tem substância sensorial. Na poesia o que pode ser apreendido sensorialmente é o som, em seu aspecto físico e fisiológico.

Essa estética poderia ser apoiada pela lingüística da época que, com a exceção de fenômenos como Saussure e Baudouin, estava ainda mergulhada no empirismo do século XIX. R. Jakobson caracterizou a situação lingüística desse tempo da seguinte maneira:

(81) O desenvolvimento posterior dessa teoria, não propriamente dos seus fundamentos históricos, mas descritivos, pode ser localizado nos famosos estudos de V. Propp, particularmente em seu *Morfológuia skázki* (Morfologia do conto popular). As posteriores implicações da pesqcisa de Propp podem, em certa medida, ser encontradas no estruturalismo de C. Lévi-Strauss. Vide seu artigo "L'analyse morphologique des contes russes", IJSLP, III (1960).

(82) Z. Lempicki. "Zagadnienie stylu", *Z zagadnien stylistyki*, (Varsóvia, 1937) (grifos meus).

"A marca constitutiva de qualquer signo em geral ou de qualquer signo lingüístico em particular reside em seu caráter dual: cada unidade lingüística é bipartida e envolve dois aspectos, um sensível e outro inteligível. Esses dois constituintes de um signo lingüístico supõem e requerem um ao outro, necessariamente [...]. Mas, na medida em que os estudiosos utilizaram sem restrições o método isolacionista postulado pela tradição do século XIX, esses dois aspectos do fenômeno lingüístico, o sensível e o inteligível, foram considerados como inteiramente independentes e como domínios separados. Assim, a unidade do signo não foi levada em conta. O estudo dos sons na linguagem separados de sua função significante inevitavelmente *perdeu sua íntima conexão com a lingüística, considerada como ciência semiótica, e ameaçou tornar-se simplesmente um ramo dos estudos da fisiologia e da acústica,* enquanto que o *problema estritamente lingüístico dos significados ou foi esquecido na pesquisa de seus fundamentos psicológicos* ou se confundiu no 'domínio' extrínseco dos objetos não-lingüísticos."[83]

Esta caracterização é perfeitamente adequada no que se refere a alguns aspectos dos estudos da *Opoiaz* e explica a sua conexão com os estudos acústicos de Sievers e Saran e com o laboratório de Chcherba de fonética experimental.

Finalmente, devemos lembrar o principal ponto de nosso tema: a conexão das teorias da *Opoiaz* com o Futurismo. O futurismo russo transpôs para a poesia os princípios do Cubismo. A estética cubista pode ser exatamente descrita como empírica e sensualística, tendo se tornado um modelo de arte para uma jovem geração de estudiosos. Os pintores cubistas recusaram-se a fazer "imagens da realidade", considerando que isso seria apenas uma ingênua *mimesis*. Proclamaram o domínio do material em si mesmo — isto é, a cor e as formas geométricas — sobre as imagens. Os futuristas russos chegaram a conclusões paralelas na poesia.

Por outro lado, devemos ter em mente a evolução da própria poesia russa na mesma direção. O processo de desintegração das imagens já tinha começado entre os simbolistas. O valor da sonoridade já ganhava prioridade em relação à imagem, que se tornava baça e enevoada. Nisso reside a íntima filiação entre Futuris-

---

(83) R. Jakobson, "Notes on General Linguistics, its Present State and Crucial Problems" (Notas sobre Lingüística Geral, sua situação atual e seus problemas cruciais). Texto mimeografado, 1949 (grifos meus).

mo e Simbolismo, a despeito das proclamações mordazes contra os simbolistas lançadas pelos jovens poetas de então.

**Desenvolvimento posterior do grupo da Opoiaz:
Do conceito de linguagem poética
à noção de estrutura**

A despeito de algumas diferenças de abordagem entre os estudiosos situados em torno dos primeiros *Sbórniki po teórii poetítcheskovo iaziká* (Coletâneas sobre teoria da linguagem poética) e os estudos um pouco posteriores da prosa realizados por Chklóvski, podemos afirmar que o primeiro período da atividade da *Opoiaz* (aproximadamente, 1916-1921) é marcado por uma tendência básica: o estudo da poética do verso e da prosa considerados enquanto padrões peculiares dotados de valores expressivos. A ênfase principal desses estudos não é colocada na diferenciação funcional dos padrões acima mencionados mas na elaboração de uma antinomia básica: *linguagem prática* versus *linguagem poética*.

O verdadeiro rompimento com essa ótica está ligado ao aparecimento de dois estudos de Tinianov: "A ode como um gênero oratório" e *O problema da linguagem em verso*.[84]

Víctor Erlich está certo quando diz que para Chklóvski a poesia já é definida "...não em termos do que é, mas em termos de para que é".[85] Mas a abordagem de Chklóvski não tinha ainda um caráter estritamente funcional. Sua tarefa, como a de seus colegas, era encontrar os traços da linguagem poética tendo a prosa como base, o que serviria como mais um elemento de prova da antinomia: linguagem poética *versus* linguagem prática. A peça concreta de prosa, contudo, permanecia mais ou menos amorfa.

Com as obras de Tinianov *um novo objeto de estudo foi selecionado*. Não se tratava mais da noção geral de linguagem poética, mas de um tipo concreto de obra literária. Resumindo a situação dos estudos

---

(84) I. Tinianov, "Oda kak orátorski janr" (A ode como gênero oratório), *Poética III* (1927), republicado em *Arkhaísti i novátori* (Arcaizantes e inovadores), Editora *Pribói*, 1929. *Problema stikhotvórnovo iaziká* (O problema da linguagem em verso — Leningrado, 1924).

(85) V. Erlich, *Russian Formalism* ('s-Gravenhage, 1955), p. 152.

poéticos até a data em que escrevia, Tinianov queixava-se de que nos últimos anos a análise do estilo do verso tinha-se distanciado do próprio verso:

"...temos a impressão de que nem a própria linguagem poética nem o estilo estão ligados ao verso, de que não dependem dele."[86]

Tinianov descreve a obra literária — ou mais estritamente, a obra de poesia — como uma "...construção em que todos os elementos se ligam em uma inter-relação mútua".[87] Fala de uma *estrutura* como configuração *dinâmica* dos elementos, que estão relacionados como *fatores* e conectados através de um "signo dinâmico de inter-relação e integração" ao contrário de um "...signo estático de equação e adição".[88]

O conceito de estrutura dinâmica aparece pela primeira vez nos estudos humanísticos com a psicologia gestáltica. Daí penetrou em outras disciplinas, principalmente na sociologia e nos estudos literários, graças aos escritos de Dilthey. Na lingüística, pelo menos no domínio russo, a noção de estrutura apareceu muito depois.

Só em 1928 R. Jakobson formulou esse conceito em sua tese para o Congresso de Haia.[89] No mesmo ano, Jakobson e Tinianov publicaram em *Nóvi Lef* uma espécie de manifesto de estudos estruturais em lingüística e literatura intitulado "Problemas do estudo da literatura e da linguagem"[90], anunciado por nota de um comitê editorial. Os autores proclamavam que o estudo da literatura deveria representar o estudo das "...funções construtivas, que são as funções dos elementos que formam o fato literário", e também da "...função intraliterária dos diversos gêneros" e da "função social da seqüência literária em diversos períodos".[91]

(86) *Problema stikhotvórnovo iaziká* (O problema da linguagem em verso), p. 5.
(87) *Ibid.*
(88) *Ibid.*, p. 10.
(89) Cf. R. Jakobson, "Proposition au Premier Congrès International des Linguistes" (1928).
(90) R. Jakobson, I. Tinianov, "Problémi izutchénia litieratúri i iaziká" (Problemas do estudo da literatura e da linguagem). *Nóvi Lef*, 12 (1928).
(91) *Ibid.*

Como veremos, todos esses postulados já tinham sido formulados e levados a efeito na prática analítica real, por Tinianov, vários anos antes.

Tal como se indicou acima, Tinianov investigou os gêneros e as espécies literárias como *estruturas*. Em seu estudo da ode colocou como novo objeto de análise o gênero literário concreto, assim como os principais fatores de sua organização. Há um elemento estrutural decisivo, do qual depende a forma individual de um gênero: a *dominante*. A *dominante* é o fator que subordina, isto é, restringe ou suprime os outros fatores da estrutura. Dentro desse sistema não se pode mais conceber a linguagem poética como o elemento mais importante da obra. Existe apenas a linguagem de uma estrutura determinada como seu coeficiente formacional, que, por sua vez, é formado — ou, mais estritamente, deformado — por essa estrutura. O conceito de deformação é ainda muito forte no sistema de Tinianov, especialmente quando ele fala sobre a linguagem com dominante rítmica. Esse ponto mostra uma das diferenças entre a trilha pré-estrutural e o estruturalismo propriamente dito, em que o conceito de deformação é substituído pelo de *transformação* da linguagem prática em um sistema artístico.

Tinianov examina a organização intra-estrutural e aponta a conexão entre um determinado gênero e seu contexto posterior, que é o *sistema literário* de um determinado período.

"... uma obra literária não existe na literatura como um fenômeno isolado; cada obra particular se integra em um sistema literário, está correlacionada com um gênero e um estilo [...]. Existe uma *função da obra literária no sistema literário* de cada época determinada."[92]

Em outras palavras, Tinianov fala de uma *dominante* de um determinado gênero, dentro de um sistema literário mais amplo e do processo literário. Portanto, aqui a dominante aparece como um fator de transformação, um fator móvel:

"A obra literária, retirada do contexto de um determinado sistema literário e implantada noutro, recebe uma coloração

(92) "Oda...", *Arkhaísti*... pp. 48-49. (grifos meus).

diferente, adquire características diversas das que tinha, integra-se em um gênero diferente, perdendo o original; em outras palavras, a sua função se altera."[93]

A conexão funcional seguinte parece residir entre o sistema literário e o nível lingüístico mais próximo — a "seqüência do discurso" (*rietchevói riad*), de acordo com a terminologia de Tinianov. A esta conexão Tinianov chama de *ustanovka* (colocação, *mise au point*), que em inglês não tem um equivalente adequado. Costuma-se usar o termo *set* ou o termo alemão *Einstellung*. O próprio termo é tomado de empréstimo do campo da psicologia e mostra a citada filiação de Tinianov à psicologia gestáltica.

Assim, o procedimento da pesquisa no caso concreto da ode seria o seguinte: como espécie literária pertence ao verso. A sua dominante é pois um *fator rítmico*. Como gênero oratório, a ode pertence a um sistema declamatório. Sua dominante, neste plano, seria pois a *entonação*. Quanto à sua colocação no sistema lingüístico mais próximo, a ode é orientada para a retórica e a eloqüência. O principal fator normativo neste caso, como sublinha Tinianov, é o *princípio do efeito máximo* (*príntzip maksimálnovo vozdiéistvia*) e "expansão do material verbal", de acordo com esse princípio. Uma das características principais desse caso é a importante função do gesto, que Tinianov discute a propósito das odes de Lomonossov. Cabe à palavra, na ode de Lomonossov, uma nova função: a de estímulo para o gesto que deve ser realizado durante a declamação.

O sistema de Tinianov é, portanto, o mais orientado para fora, entre todas as variantes do "método formal". Esse sistema leva em consideração três tipos de relações funcionais inerentes à obra literária: a relação *interna*, que ele chama de "construtiva" (*constructívnaia fúnctzia*), que é a relação entre os elementos dentro da obra literária; a relação *literária* (*litieratúrnaia fúnctzia*), que se refere à conexão entre a obra individual e a literatura de uma determinada nação, tomada como conjunto; e a sua função *no discurso*

(93) *Ibid.*, p. 49.

Новый леф

журнал левого фронта искусств

под редакцией
В. В. Маяковского

№ 1
Москва
1927

ГОСИЗДАТ

DESENHO DE CAPA E FOTOGRAFIA PARA *NÓVI LEF*, Nº 1, 1927,
POR ALEKSANDR RÓDTCHENKO

(*rietchevaia fúnctzia*), que é a relação entre a obra de literatura e o seu direto material de linguagem.⁹⁴

Pode-se chamar o método de Tinianov de pré-estrutural, pois traz uma marca característica do estruturalismo: relaciona-se não com o *material*, mas com a *função*, com a relação entre as partes e o todo. Como diz Lévi-Strauss:

> "Ao contrário do formalismo, o estruturalismo se recusa a opor o concreto ao abstrato e a conceder ao segundo um valor privilegiado [...] a estrutura não tem conteúdo: ela é o próprio conteúdo, apreendido em uma organização lógica concebida como propriedade do real."⁹⁵

Essa oposição era desconhecida de Tinianov, enquanto que Chklóvski esteve sempre ligado à mesma.

Enquanto Tinianov em grande parte se alheou da órbita do Futurismo, os outros membros da *Opoiaz* evoluíram com esse grupo poético. O futurismo dos meados da década de 20 se diferencia enormemente de seu período inicial. O próprio nome mudou, o programa mudou, os membros são um tanto diferentes. Os antigos futuristas, ou, como chamavam a si mesmos em 1918, *comfúti* — comunistas-futuristas — se agruparam durante os anos 1923-1928 em torno dos jornais *Lef* e *Nóvi Lef*⁹⁶ (tendo Maiakóvski como editor-chefe). Seu programa é agora utilitário e técnico: ao invés de ficção, artigos de jornal; ao invés de poesia, artigos políticos rimados. Seu princípio é a economia de tempo e a máxima aproximação com a indústria. A obra literária agora se iguala ao trabalho dos operários. A fotografia é anunciada como a nova arte visual que substitui a pintura. O *slogan* generalizado é "a literatura-fato" (*literatura facta*).

Alguns dos membros iniciais do grupo da *Opoiaz*, tais como Chklóvski e Eikhenbaum, seguiram esse novo modelo literário em suas análises críticas. Essa fase no desenvolvimento da "escola formal" recebeu o nome de "sócio-formalismo" (*sótzio-formalism*). O nome se refere à tendência para considerar a literatura como

---

(94) Tinianov. "Oda...", *ibid.*, p. 50.
(95) C. Lévi-Strauss, "L'analyse morphologique des contes russes", IJSLP, III (1960).
(96) *Lef = Lévi Front Iskustva* (Frente Esquerda das Artes) *Lef* parou em 1923 e foi depois revivido como *Novo Lef*. Foi fechado em 1928.

um "fato social", num sentido muito particular. A obra literária é agora investigada com referência a fatores tais como "material histórico",[97] que é "deformado" no processo de criação, ou então é vista em sua relação a problemas como "mercado literário" (*litieratúrni rinok*).[98] Apenas podemos esboçar esses problemas, a fim de marcar o final concreto do período em que a relação entre a teoria e o seu modelo literário era tão óbvia.

A próxima parte desse livro é dedicada ao exame dos exemplos literários que forneceram os fundamentos para as generalizações teóricas do grupo da *Opoiaz*.

---

(97) Cf. Chklóvski, *Matierial i stil v románie L. Tolstovo "Voiná i mir"* (Material e estilo no romance de L. Toistói "Guerra e Paz").
(98) B. Eikhenbaum, "Litieratúrni bit" (O cotidiano literário). *Moisovriemiénik* (Meu contemporâneo), 1929.

OS PREDECESSORES
DO FUTURISMO

O conceito de escola literária e os acmeístas

Nosso estudo se baseia na relação entre a teoria literária do grupo da *Opoiaz* e a prática literária de um certo grupo poético que intitulou a si mesmo de futurista. Este nome abrangeu uma grande variedade de fenômenos na obra criadora de muitos indivíduos, tendo apesar disso alguns denominadores comuns. Isso é o que comumente se chama uma *escola poética* (*ou literária*). O conceito usual de escola literária abarca a semelhança entre os seus membros no que diz respeito às suas tendências formais e ideológicas. Assim, os poetas que pertencem à mesma "escola" são enfocados sob o prisma de terem preenchido, *a priori,* algumas "obrigações" em relação àquela escola. Mas a análise literária tem demonstrado que muitas vezes os escritores que pertencem a um grupo literário são muito diferentes entre si. É então que os críticos pedantes tentam reduzir à força essas diferenças e, assim fazendo, liquidam a individualidade dos poetas.

Em reação a esse tipo de procedimento temos escutado muitas vozes céticas proclamarem que a noção de "escola" é falsa, nada tendo a ver com os fatos, que está ultrapassada e é anticrítica. Baseando-se nisso, precisamente, é que Vladímir Markov, em seu livro sobre Khliébnikov, ergue-se contra o conceito de Futurismo como um grupo unificado.[1]

Por outro lado, há momentos na história literária em que percebemos grandes semelhanças entre poetas que escrevem na mesma época embora não cheguem a formar um grupo: não existe uma escola. Tal caso pode ser observado na segunda metade do século XIX com os exemplos de A. Fiet, J. Polónski e A. Grigóriev. As semelhanças entre os três são flagrantes, e contudo eles não tinham nem um programa comum nem qualquer sentido de agrupamento. Outro exemplo, ainda mais extremo, poderia ser encontrado no folclore: as semelhanças são fixadas, codificadas, predizíveis, mas ninguém se refere ao folclore como sendo uma escola literária.[2]

Examinemos o exemplo oposto: é o caso dos acmeístas (ou, como a si mesmos se intitulavam, os adamistas), onde se observa um grupo muito unificado, uma verdadeira escola poética, com um líder na pessoa de Gumilióv e com uma organização diretriz que usava um nome muito característico, a Guilda dos Poetas (*Tzekh poetov*). Mas seria difícil encontrar poetas tão diferentes um do outro, como veremos na discussão crítica dos membros individuais desta escola.

Mikhail Kúzmin (1875-1936) introduziu na poesia o motivo da fruição da vida em seus aspectos lúdicos. Apreciava o "espírito das miudezas" (*dukh*

(1) V. Markov, *The Longer Poems of Velimir Khlebnikov* (Os poemas mais longos de Vielimir Khliébnikov), University of California Press, Berkeley, Los Angeles, 1962. Vide também seu "The Province of Russian Futurism", S.E.E.J., Vol. VIII, nº 4 (1964).

(2) Lídia Guinsburg aborda esse problema no artigo "Ópit filossófskoi líriki" (Ensaio de lírica filosófica), *Poética,* V (1929).

miélotchei) e a "comodidade doméstica" (*domáchni uiút*). Sua conhecida ode paródica começa com a glorificação dos prazeres da vida cotidiana:

> "*Onde encontrar a pena, que descreva esta centa,*
> *Frio Chablis na garrafa, pão tostado na brasa.*"

Seu mundo é pequeno, caloroso e jovial. Kúzmin gostava das pequenas perversidades do amor e gostava também de fazer pequenas brincadeiras sobre o mundo todo: seu famoso poema *Fúsii v bliúdietchke* ("Fujiyama em um pires") mostra o mundo refletido em um pires, através da fumaça do chá.

> "*Um mundo primavéreo neste minimundo:*
> ....
> *E esta baía, ainda que fora o dobro de ampla,*
> *Inteira se contém na borda porcelânea.*"

Sua paixão pelas "miudezas", pelo ingênuo e pelo infantil, demonstra claramente que Kúzmin estava integrado na tradição do Rococó. De fato, Kúzmin menciona Marivaux e a "poesia ligeira" do século XVIII como sendo os seus modelos literários.

Nicolai Gumilióv (1886-1921), tendo abandonado muito cedo o estilo rococó, desenvolve motivos nietzschianos, sobretudo sua idéia principal do super-homem, através das imagens adequadas de criaturas anfíbias e diversos seres exóticos antediluvianos, que simbolizam a ousadia e a invulnerabilidade (*nieuiazvímost*). Seu primeiro volume de poemas traz o título bem característico de *Put conkvistadorov* (1905) (A trilha dos conquistadores). Os principais motivos na poesia de Gumilióv são o perigo, o risco e os atos heróicos ou perigosos. O seu *leitmotif* é a morte rápida e heróica no campo de batalha, que é freqüentemente comparada ou apresentada como um "banquete sangrento" (*krovávi pir*), ou colheita, — simbolismos próprios da velha literatura russa. O herói lírico de Gumilióv é "o guerreiro da Renascença" ou o viajante aventureiro, como foi observado pelos críticos contemporâneos.[3] Daí a sua admiração por F. Villon e Th. Gautier. Seus leitores seriam "audazes, joviais e maldosos" (*smiélie,*

---

(3) Cf. R. Motchúlski, *Classitzism v sovriemiénoi rúskoi poésii* (O classicismo na poesia russa moderna).

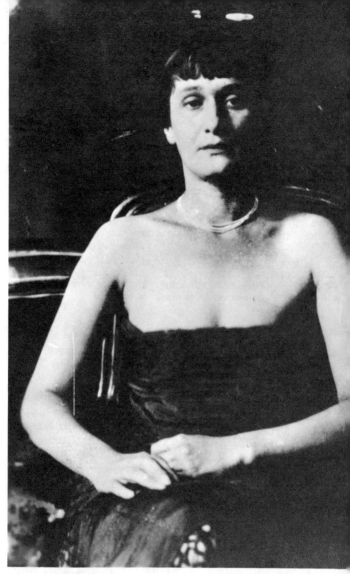

ANA AKHMATOVA

viessiólie i zlie). As tendências didáticas são muito acentuadas na poesia de Gumilióv. Como ele mesmo diz, o seu objetivo é ensinar como recordar tudo da "vida ardente" dos que têm "os olhos cobertos de uma névoa sangrenta".

Enquanto que a "poesia da miudeza" conduziu Kúzmin a estilizar sua linguagem de tal modo a lhe dar um efeito infantilizado, Gumilióv nos fala através de palavras "amplas e simples", apropriadas à poesia heróica.

Mal apareceram os primeiros volumes poéticos de Gumilióv, o crítico Briussov, resenhando-os, notou que a sua poesia estava bem longe tanto do estilo lírico personalista quanto da vida contemporânea.[4] Briussov acentuava como traço característico da poesia de Gumilióv a sua "objetividade", a ausência de um "ego" poético, já que "...o poeta desaparece por trás das imagens que desenha".[5]

Ana Akhmátova (1888-1966) fez de seus sentimentos e experiências pessoais a matéria principal de sua lírica intimista e "subjetiva", para usar uma classificação de Briussov. Os motivos de encontro e despedida determinam todo o esquema da poesia de A. Akhmátova. A complementação artística desses motivos baseia-se em imagens de colorido folclórico: cartas, sinais, lágrimas, campainhas. A crítica da época qualificava a poesia de Ana Akhmátova de "diários líricos" e a comparava com a poética da *tchastuchka*.[6]

Akhmátova e Gumilióv, ao contrário de Kúzmin e Mandelstam, partilhavam um forte elemento religioso na sua poesia. Mas a realização artística é completamente oposta nos dois casos. A religiosidade de Gumilióv subentende premissas e conclusões filosóficas. Akhmátova transforma os motivos religiosos em acessórios rituais (como rosários, velas etc.) e sua heroína lírica aparece muitas vezes sob as vestes de uma freira. Tudo isso torna a lembrar a poética da *tchastuchka*.

(4) Cf. Briussov. *Viessi* nº 3 (1908), resenha de *Romantítcheskie tzviêti* (Flores românticas) (1908).
(5) Briussov, *ibid.*, pp. 77-78.
(6) Cf. B. Eikhenbaum, *Ana Akhmátova*, (*Ópit análisa*, Tentativa de análise) (Petrogrado, 1923). — N. de O.: A *tchastuchka* é uma forma de poesia popular. O nome designa cada quadra de uma canção cuja música é tradicional, mas cuja letra vai mudando, tratando com freqüência dos acontecimentos do dia.

Óssip Mandelstam (1891-1938),[7] que participou do grupo acmeísta durante um curto período de tempo, com o seu volume *Kámen* (A pedra), trouxe para essa poesia um certo afastamento parnasiano, uma tonalidade clássica e uma imagética baseada na mitologia clássica. Os motivos de predominância catastrófica interligados à quietude clássica tornam Mandelstam mais próximo do Simbolismo (particularmente o simbolismo francês) do que qualquer outro representante do Acmeísmo. O seu estilo, ou a sua escrita, é típico da "poesia cultivada".

Apesar deste resumo ser tão breve e superficial, compreendemos através dele que o conceito de escola literária não pode ser baseado na noção de semelhança entre escritores pertencentes a um mesmo grupo. Esses exemplos citados nos dão antes a idéia de agudos contrastes individuais, embora os acmeístas se considerassem uma escola literária bastante coesa e tivessem sempre aparecido como grupo. Portanto, a semelhança ou melhor a sociedade entre poetas deve ser procurada em aspectos diversos e não apenas no nível da comparação entre os integrantes.

Essa associação de poetas se origina da consciência de novas tarefas literárias a serem realizadas. Tal consciência conduz os participantes de um grupo a formular os seus objetivos em um *programa*.

Como muitos estudiosos já observaram, o programa de qualquer grupo literário inclui sempre um elemento de polemização com os seus antecessores, o elemento de *struggle*.[8] Os líderes acmeístas demonstraram não ser exceções a essa regra, como se vê pelos seus manifestos. Seu programa contém os seguintes pontos principais: a filosofia da arte, a lógica das imagens e dos gêneros poéticos, a poética em geral e a teoria da poesia. Quanto ao primeiro desses itens, foi colocado da maneira mais exaustiva possível no artigo de Gumilióv, *"Nasliédie simvolisma i akmeísm"* ("A herança do Simbolismo e o Acmeísmo"), em que o autor pede "... maior equilíbrio de forças e um conhecimento

---

(7) A data da morte é dada por G. Struve no volume *Óssip Mandelstam, Sobránie sotchiniêni v dvukh tomákh, pod red. G. P. Struve i B. A. Filipova* (Óssip Mandelstam, Obras reunidas em dois volumes, organizados por G. P. Struve e B. A. Filipov), v. I, p. LXX.

(8) Cf., por exemplo, L. Guinsburg, *ópit filossófskoi liriki, op. cit.*

mais exato das relações entre sujeito e objeto do que houve no Simbolismo...".⁹ Gumilióv advoga aqui o materialismo filosófico em oposição ao idealismo simbolista. Idéia semelhante aparece no manifesto acmeísta de Mandelstam: "Amem a existência do objeto mais que o próprio objeto...".¹⁰

No conhecido e muito citado artigo de Kúzmin *"O priekrásnoi iásnosti"* ("Sobre a bela nitidez"), o autor clama por lucidez e lógica na poesia. Seu tom irônico é dirigido, naturalmente, contra os simbolistas e a sua programática nebulosidade e ambigüidade:

"Quer sua alma seja íntegra quer fragmentada [...] imploro, *seja lógico* [...], lógico na concepção, na construção da obra, na sintaxe [...], seja hábil arquiteto, tanto nas miudezas como no conjunto [...].

[...] ame a palavra como Flaubert, seja econômico nos meios e avaro nas palavras, exato e autêntico, e encontrará então o segredo de algo magnífico — a bela nitidez, que eu denominaria clarismo".¹¹

L. Guinsburg, no artigo acima citado, observa que o mesmo princípio de lógica foi muito acentuado pela escola de Karamzin em sua polêmica contra "a poética selvagem" (*díkaia poética*) de Lomonossov e Dierjávin. A herança dos karamzinistas foi retomada por Púchkin, considerado pelos acmeístas como seu antepassado mais próximo e estimado dentro da tradição poética.

Na teorização poética, os acmeístas voltaram-se contra o abuso da metáfora (= "símbolo") no estilo dos simbolistas. Proclamaram a liberdade de usar "outros meios de atividade poética" e, em conexão com essa tese, advogaram o retorno à simplicidade da "linguagem usual". "Nós não concordamos em sacrificar ao símbolo outros meios de ação poética e procuramos a sua plena coordenação [...]"¹² diz Gumilióv no artigo já acima citado.

(9) N. Guimilióv, *Nasliédie simvolisma i akmeísm*, *Apólon* (Apolo), nº 1 (1913).

(10) O. Mandelstam, *Utro akmeísma* (O amanhecer do Acmeísmo), *Litieratúrnie manifiésti*, 1929.

(11) M. Kúzmin, *O priekrásnoi iásnosti* (Sobre a bela nitidez), *Apolón*, 1910, (grifos meus).

(12) Gumilióv, *op. cit.*

A teoria geral da poesia e o conceito do que é o poeta também se modificam nitidamente. No lugar da "teurgia" dos simbolistas encontramos agora a noção da poesia como ofício (*remiesló*). Não é por acaso que a organização diretriz dos acmeístas foi chamada de Guilda dos Poetas. O artesanato poético em vez da inspiração é um ponto muito acentuado na doutrina acmeísta. O secreto conhecimento espiritual de um poeta é substituído, com aguda polêmica, pela limitação do conhecimento. Kúzmin expressa tal idéia com ênfase irônica e peculiar numa quadra:

> *"Que dois mais dois são quatro,*
> *Que dois mais três são cinco,*
> *Eis tudo, tudo enfim*
> *Que saber nos é dado."*

Nesse novo programa, formulado com base num protesto anti-simbolista, encontra-se a unidade do grupo acmeísta. Tal unidade, portanto, não precisa envolver semelhanças entre os membros de uma escola, mas *deve* implicar na adesão de cada um dos poetas ao programa geral. Cada membro realiza a sua individualidade na obra criativa. Por exemplo, cada poeta pode desenvolver um ou outro aspecto particular do programa, que, posterior ou circunstancialmente, é tomado por característica inerente ao conjunto.

Cada um dos acmeístas realiza em sua poesia a *concreção* advogada no programa. Reflete-se em todos os níveis de sua poesia: nos temas e motivos, nas imagens, no estilo e na linguagem.

As imagens de Kúzmin nos atingem pelo seu caráter sensorial. Eis aqui uma amostra de sua paisagem:

> *"Como teias de nuvens longitudinais,*
> *O sol — um olho-de-formiga — nos perfura,*
> *Pássaros-peixes, folhinhas pretas de chá,*
> *Desenham no topázio crespo do lazúli!"*
> ("Fujiyama em um pires")

Elementos de objetividade predominam também na sua descrição de sentimentos — domínio tradicional do "desconhecido" na poética simbolista:

> "*Como o faminto*
> *Que recebe um pedaço de pão, macio e quente,*
> *Agradeço ao céu neste dia simplesmente*
> *Por me dar Você.*"

E finalmente, lembremos uma vez mais o famoso manifesto de concreção e simplicidade, que se expressa na forma de uma ode, a fim de acentuar a importância do assunto tratado e o jogo com um gênero tradicional:

> "*Onde encontrar a pena, que descreva esta cena,*
> *Frio Chablis na garrafa, pão tostado na brasa*
> *E essa doce ágata das cerejas maduras!*"

Na poesia de Gumilióv os motivos predominantes são as viagens exóticas e as aventuras, fantásticas e coloridas. Em suas resenhas dos primeiros volumes de Gumilióv, Briussov acentua particularmente o fato de que o jovem poeta "...cria para si mesmo países e os povoa de seres por ele mesmo engendrados: homens, feras, demônios. Nesses países [...], os fenômenos não estão submetidos às leis gerais da natureza, mas a outras, novas, às quais o poeta ordenou que existissem [...]".[13] Em outras palavras, Briussov viu no poeta a tendência para o fantástico e o irreal. Mas se considerarmos isso do ponto de vista da biografia de Gumilióv,[14] verificamos o quanto essa visão artística corresponde à vida real do poeta. E só então compreendemos que todos os acessórios exóticos não são, na verdade, requisitos de um conto de fadas, sendo a maioria deles documentos das viagens reais de Gumilióv à Abissínia, ao Egito e à Itália. Portanto, essa poética se relaciona com a forma de um *diário de viagem*. E isso certamente é uma manifestação da tendência para o concreto.

(13) Briussov, resenha de *Jemtchugá* (Pérolas), *Rúskaia misl* (O pensamento russo), livro 7 (1910).

(14) Os dados biográficos mais completos até agora se encontram na introdução às obras escolhidas de Gumilióv, de autoria de G. Struve: "N. S. Gumilióv. Jizn i litchnost" (N. S. Gumilióv. Vida e personalidade), N. S. Gumilióv, *Sobránie sotchiniêni v tchetiriókh tomákh, pod red. G. P. Struve i B. A. Filípova, tom I* (Obras reunidas em quatro volumes, organizados por G. P. Struve e B. A. Filipov, vol. I) (Washington, 1962).

A poética dos versos de Gumilióv confirma isso ainda mais decididamente. Na sua composição o poeta tende a dar às cenas dramáticas uma forma de *apresentação direta* e não uma forma de *descrição*. Deve-se prestar atenção à função dos tempos de verbo: é evitado o uso de pretéritos, prevalecendo tempos do presente e do futuro. Deste modo a apresentação direta é efetuada em termos de tempo presente, ao invés da descrição de eventos no pretérito:

> "Galgando *o trepidante passadiço*
> *Ele* recorda *o porto, a solidão,*
> *Das botas de comando, couro liso,*
> Limpando *a espuma a golpes de bastão.*
> *Ou quando, ao pressentir motim a bordo,*
> Arranca *da pistola, fulminante,*
> *E o ouro das rendas se* despenca *em pó*
> *Por sobre os punhos róseos de Brabante."*
>
> ("Os Capitães")

Um ponto muito importante é o uso de *verbos sem prefixos*[15], a fim de surtir o efeito de uma dramatização mais aguda. Eis aqui outro exemplo, a apresentação da morte do herói lírico:

> "Caio, sofro *mortal angústia,*
> Vislumbro *o passado em vigília,*
> *E* golfa *o sangue feito ducha*
> *Sobre a relva seca e puída."*
>
> ("O operário")

Esta profecia da própria morte do poeta — como foi muitas vezes observado pelos críticos — se expressa, de fato, com uma concreção profética de pormenores e, outra vez, com total efeito dramático em termos de tempo, graças às formas verbais do chamado presente perfectivo (de acordo com a terminologia da escola de Fortunatov).[16]

O mundo poético de Ana Akhmátova é um mundo composto de objetos e de ações, e não um universo

---

(15) Em russo existem, inclusive, dois termos para essa categoria verbal: *korieníe e piervoródnie glagóli* (verbos de radical e v. primogênitos).

(16) Cf. V. Vinogradov, *Rúski iázik* (A língua russa) (*Utchpedguiz*, Editora Pedagógica Estatal, 1947). — N. de O.: O presente perfectivo, em russo, é uma forma verbal de presente, que funciona como futuro.

introspectivo. As fontes de sua experiência se reduzem a dois fatores principais: encontros e partidas de amantes. Mas os sentimentos relacionados com esses fatores não são analisados: são *expostos* através de um gesto ou de um pormenor concreto. Seria próprio dizer que os sentimentos são marcados pelos acontecimentos da vida cotidiana, que se tornam símbolos provisórios:

> "*O peito gelando, aflito,*
> *E eu caminhava ligeira,*
> *A luva da mão direita*
> *Calcei no punho sinistro.* "...

Muitas vezes se encontra na poesia de Akhmátova a reinterpretação de um símbolo tradicional, transferindo-o para uma esfera puramente material. Tal é, por exemplo, o seu tratamento do símbolo da Musa. A musa de Akhmátova é uma mulher real de carne e sangue, com uma presença sombria. Além disso, a situação poética comum — *a Musa abandonando o poeta* — encontra nas obras de Akhmátova uma reinterpretação física:

> "*A musa seguiu seu caminho.* ...
> ....
> *E as pernas morenas estavam*
> *Lavadas de gotas de orvalho.*"

Outro aspecto da concretização da dicção poética é visível na tendência para a decomposição da fraseologia poética tradicional:[17]

> "*Na amizade secreta de alguém alto,*
> *De jovem águia de olhos escuros,*
> *Entrei como em jardim de outono escasso,*
> *Entrei com passos leves e seguros.*"

O que pode ser considerado como aquilo que nós chamaríamos uma *realização da metáfora*, que, no caso referido, pertence menos à fraseologia poética do que à fraseologia cotidiana: *voiti v drújbu* (travar relações; literalmente, "entrar na amizade"). Isto se dá, como observa Vinogradov, simplesmente pela inserção de um *simile* (*slovno v tzviétnik*, como em jardim) dentro da frase *voiti v drújbu*.

(17) Cf. V. Vinogradov, *O poésii Áni Akhomátovoi* (Sobre a poesia de Ana Akhamátova — Leningrado, 1925).

Existem vários modos em que uma metáfora pode ser realizada. Por exemplo, Maiakóvski, especialmente em seu primeiro período, utiliza-se desse procedimento a fim de obter um tipo surrealista de imagens (cf. a famosa dança dos nervos em "Uma nuvem de calças"). Ana Akhmátova reduz as expressões metafóricas aos seus significados literais básicos. O próprio Mandelstam, cuja poesia foi, com freqüente precipitação, batizada de "parnasiana", parece ter divergido dos parnasianos nesse ponto. O autor de *Kámen* e de *Tristia* alterou a poética da imagem parnasiana da Arcádia pela sua concretização e "prosaização", como foi recentemente demonstrado em um estudo de R. Przybylski intitulado "A Arcádia de Óssip Mandelstam".[18] A tendência de Mandelstam para usar motivos de material arquitetônico (especialmente em seu primeiro volume, *Kámen*, 1913) e nomes de substâncias duras e sólidas (*kámen, zóloto, almáz, pierlamutr* — pedra, ouro, diamante, madrepérola) de acordo com o apego dos acmeístas à arquitetura tomada como modelo poético, foi comentada pela crítica recente.[19]

Vejamos a seguir quais as inclinações dos acmeístas nas áreas da versificação e dos gêneros literários. Percebemos imediatamente que há importantes diferenças da prática simbolista.

Não se pode dizer que os acmeístas propuseram um tipo particular de estrutura do verso, embora também não se possa negar uma certa unidade nas estruturas que empregaram. Akhmátova, como se sabe, desenvolve várias formas de verso tônico (principalmente *dólnik*) que tendem, igualmente, a ter uma estrutura dialógica. Todos os seus poemas são curtos em ambas as direções: vertical e horizontalmente. A linha curta de Akhmátova — "de curto fôlego" — foi imediatamente adotada pelos seus contemporâneos[20] desde que fornecia um contraste decisivo com os longos monólogos dos simbolistas.

(18) R. Przybylski, "Arkadia Osipa Mandelsztama", *Slavia Orientalis*, nº 3 (1964).

(19) Cf. N. A. Nilsson, "Osip Mandelstam and his poetry", *Scando-Slavica*, IX (Copenhague, 1963).

(20) Cf. V. Jirmúnski, *Preodolévchie simvolism* (Os que sobrepujaram o simbolismo), *Vopróssi teórii litieratúri. Stát'i 1916-1926* (Problemas de teoria da literatura. Artigos 1916-1926 — Leningrado, 1928).

Gumilióv constrói suas cenas dramáticas a partir dos fundamentos tradicionais do verso sílabo-tônico. Mas de modo muito característico evita todos os acessórios e epítetos metafóricos. Todos os seus qualificativos são precisos e definidos, referindo-se apenas a atributos concretos e necessários.

O rimário de Gumilióv revela uma propriedade interessante: as formas substantivas predominam intensamente nas posições rímicas. As configurações rímicas dos três primeiros volumes — *Put conkvistadorov* (A trilha dos conquistadores, 1905), *Romantítcheskie tzvieti* (Flores românticas, 1907) e *Jentchugá* (Pérolas, 1910), revelam, em uma mostragem de 128 rimas, 78,9% de substantivos na posição da rima. Esta última característica da poesia de Gumilióv se relaciona aparentemente com a sua exigência de que a linguagem poética deveria ser "simples" e "clara", pois o substantivo se refere diretamente ao objeto.

A concreção, isto é, a referência direta ao objeto ao invés de alusões indiretas ao mesmo, percorre todas as facetas da poesia acmeísta. Essa é uma forma de "fidelidade ao programa" que eles traçaram e é isso que os caracteriza como uma "escola".

Simbolismo e Futurismo

O caso do Acmeísmo serviu aqui a um propósito metodológico, mas pode também servir como exemplo de uma escola de poesia moderna, que surgiu em reação contra o Simbolismo. Os acmeístas, contudo, foram apenas a ala direita nesta sublevação. A ala esquerda foram os futuristas, reais antagonistas do Simbolismo.

O Acmeísmo, a despeito de seu forte sentimento de independência e diferença, foi afinal o resultado da evolução do Simbolismo. Segundo a justa formulação de Eikhenbaum, o Acmeísmo foi exatamente a expressão final do Simbolismo.[21] A nova escola tentou trazer a poesia de volta ao necessário equilíbrio que se perdeu na "segunda geração" dos simbolistas, isto é, na segunda década de sua atividade poética. Os acmeístas, conforme foi demonstrado, acentuaram o lado estético

(21) B. Eikhenbaum, *Ana Akhmátova*.

FOTOGRAFIA DE ALEKSANDR RÓDTCHENKO, "ESTEREÓTIPOS", *NÓVI LEF*, Nº 12, 1928

da poesia, contra o acúmulo de filosofia e misticismo imposto pelos seus antecessores.

Os manifestos acmeístas não soam muito beligerantes e realmente não declaram guerra aos simbolistas. Até admitem abertamente seus antecedentes simbolistas. No artigo-manifesto de Gumilióv anteriormente citado há uma passagem que formula o programa completo do grupo em termos moderados e equilibrados:

"[...] no entanto, para que esta corrente [o Acmeísmo] se afirme em toda a plenitude e constitua um digno sucessor da precedente, é preciso que receba a herança dela e responda a todas as questões por ela formuladas. A glória dos antepassados implica em obrigações, e o Simbolismo foi um digno pai".

A ala revolucionária, os futuristas, tornou-se firmemente estabelecida um ano depois dos acmeístas. Em 1912 apareceu o famoso manifesto dos cubo-futuristas, *Pochchótchina obchchéstvienomu vkússu* (Uma bofetada no gosto do público), assinado por um grupo de poetas: David Burliuk, Alekséi Krutchônikh, Vielimir Khliébnikov e Vladímir Maiakóvski. Neste manifesto sente-se imediatamente um tom hostil e polêmico, que evoca os futuristas italianos e os manifestos de Marinetti e Soffici. Mas deixemos claro uma coisa: a semelhança é apenas na maneira geral de se exprimir. O programa estético e a prática poética dos futuristas russos não seguem o exemplo italiano. Ambos os movimentos pregavam a "poesia de nossa época" (*poésia sovriemiénosti*), que seria um complemento do desenvolvimento técnico e do ritmo da civilização moderna. Mas esse ponto do programa era universal: não somente era algo generalizado dentro do universo futurista como ainda os futuristas o compartilhavam com outros caminhos da arte moderna, como o Construtivismo, por exemplo. Desse postulado básico os russos e os italianos retiraram conclusões inteiramente diversas. Os últimos viram a fonte da renovação poética principalmente no objeto descrito, no próprio tópico a ser tratado. Seria suficiente voltar-se para a realidade contemporânea e para as suas fontes — a máquina e a velocidade — a fim de liberar a literatura dos seus entulhos: os temas obsoletos e fora de moda. Obviamente, essa

(22) N. Gumilióv, *Nasliédie simvolisma i akmeísm* (A herança do Simbolismo e o Acmeísmo).

atitude constituía uma reação contra a literatura tradicional de um país que durante tanto tempo fora poderosamente influenciada pelas teses acadêmicas de literatura e arte visual. Daí *slogans* famosos como: "Um automóvel em alta velocidade é mais belo do que a Vitória de Samotrácia".[23] Uma revolução na forma, em que esta se adequaria ao novo conteúdo, seria uma etapa posterior.

Os futuristas russos tomaram por uma direção muito diferente: começaram pela revolução da forma, declarando que em literatura a *forma é um tema e um alvo de desenvolvimento*. Em seus primeiros manifestos já falavam das operações da palavra e do valor da palavra. Na coletânea *Sadók sudiéi* (Uma armadilha para os juízes),[24] com poemas de Maiakóvski, Krutchônikh, Khliébnikov, os irmãos David e Nicolai Burliuk, Elena Guro Iekatierina Nizen e Benedikt Livchitz, toda a introdução é dedicada à descrição da revolução da forma. Os autores discutem todos os elementos do verso, desde o nível sonoro aos problemas de rima e ritmo, como fazem Krutchônikh e Khliébnikov no famoso *Slovo kak takovóie* (A palavra como tal, 1913).

Como já se observou acima, o grupo futurista se organizou na base de um forte protesto contra os simbolistas, e as declarações nos manifestos exprimem isso em termos muito extremos. Contudo, os aspectos em que o movimento russo se diferencia de seu correlativo italiano são resultantes da forte tradição simbolista na literatura russa. Pode-se mesmo acrescentar que sem o simbolismo russo não teria existido o futurismo russo, ou pelo menos tal movimento não teria exercido uma função tão importante no desenvolvimento da moderna poesia russa.

O simbolismo russo não trouxe somente a poesia nacional de volta ao cenário internacional, retomando temas e problemas universais como assunto da poesia; recriou a teoria da poesia como *arte verbal* e deu ao mundo da literatura muitos poetas importantes que conduziram a técnica poética para novas altitudes. Em suma, a revivescência do culto da palavra poética foi a principal contribuição dos simbolistas russos.

(23) Cf. R. T. Clough, *Looking back at Futurism* (Revendo o Futurismo — New York, 1961).
(24) *Sadók sudiéi*, 1914.

O Simbolismo como escola poética

A fim de compreender a importância dos simbolistas na literatura russa é necessário lembrar as circunstâncias em que eles apareceram. Só então se poderá ver o quanto foi extensa a mudança que trouxeram em relação aos valores literários.

Na década de 30 do século XIX inicia-se na literatura russa o reino da prosa. O "período gogoliano" — como o apelidou Tchernichévski — é o triunfo completo da prosa como gênero e de problemas relacionados a ela na crítica. A década de 60 reforçou a importância geral da prosa, que se estabeleceu como um modelo na literatura. O que foi acompanhado por fortes tendências naturalistas na técnica e um interesse profundo em problemas ideológicos. De fato, a crítica da época equacionou o problema literário em termos puramente ideológicos, e as discussões se centralizaram em torno da questão do caráter progressista ou reacionário da literatura e não do seu nível artístico. Os valores estéticos e morais são tratados no mesmo nível, e os primeiros realmente se reduzem aos últimos. O único grupo de poetas que desfrutou uma grande popularidade foi a escola de Niekrassov, que se destacou pelo seu famoso *slogan*:

> *"Tu podes não ser poeta,*
> *Mas tens que ser cidadão ..."*

Na verdade Niekrassov dedicou uma boa parte de seu talento à pura poesia lírica, embora ele mesmo e particularmente os seus seguidores — tomemos como exemplo mais pronunciado os poetas de *Iskra* (A Centelha), periódico satírico simpatizante do *Ziemliá i Vólia* (Terra e Liberdade) — fossem principalmente propagandistas artísticos das idéias democráticas. De acordo com eles, esta era a missão e destino do poeta e da poesia. O famoso verso de Niekrassov, *"bitchóm iskhliéstanaia musa"* ("A Musa castigada com um açoite"), esboça um paralelo expressivo com uma camponesa surrada com um açoite na Praça Sienaia ("Ontem, depois das cinco horas..."): essa camponesa é a Musa de toda a escola de Niekrassov.

Os poetas da "arte pela arte" — Tiutchev, Fiet, Polónski, A. Grigóriev — foram fustigados impiedosamente pelos críticos da ala esquerda. Os críticos agrupados em torno do periódico *Sovriemiénik* (O Contemporâneo) de Niekrassov, exerceram função destacada nessa luta. Como já foi dito, os poetas da "arte pela arte", a despeito de suas grandes semelhanças artísticas, não criaram um grupo literário. Permaneceram uma ilha solitária.

Os simbolistas trouxeram para a literatura uma vaga de lirismo, isto é, de poesia lírica principalmente.[25] Citando a justa observação de Khodassiévitch "...os simbolistas eram antes de mais nada poetas líricos, mesmo nos dramas...".[26] Na verdade, cada elemento representativo do grupo era sobretudo um poeta. Suas obras não-líricas — a prosa de Biéli, o drama de Blok e Briussov — eram subprodutos da atividade geralmente lírica de seus autores.[27] Foi desde a época dos simbolistas — o começo da década de 90 do século passado — que a poesia se enraizou profundamente na literatura russa. De fato, o Simbolismo foi responsável pela forte impregnação poética de toda literatura moderna e de vanguarda na Rússia, só se extinguindo a sua influência na década de 20 deste século.

Entre os simbolistas encontramos os primeiros exemplos de um fenômeno muito característico de nosso século: eles encarnaram a simbiose do poeta-crítico, do analista consciente de sua própria poesia. Esse traço foi herdado pelos acmeístas, através de seu princípio de lógica do raciocínio artístico e da proclamação de Mandelstam: "demonstrar tudo interminavelmente". A Guilda dos Poetas (*Tzekh poétov*) de Gumilióv era essencialmente uma escola de profissão poética e as suas *Pisma o rúskoi poésii* (Cartas sobre a poesia russa)[28] são, juntamente com os ensaios of Mandelstam, uma importante contribuição à teoria da poesia. Reconheceremos tendências semelhantes, mas com uma interessante diferença, na obra dos futuristas.

(25) De acordo com R. Jakobson, definiríamos a poesia lírica como *poesia da primeira pessoa*, em oposição à poesia épica e dramática, estruturadas na terceira e na segunda pessoa.
(26) V. Khodassiévitch, *Litieratúrnie stát'i i vospominánia* (Artigos literários e reminiscências — New York, 1954).
(27) Cf. R. Jakobson. "Randbemerkungen zur Prosa des Dichters Pasternak", *Slavische Rundschau*, nº 6 (1935).
(28) N. S. Gumilióv, (Petrogrado, 1923).

O poeta-crítico é um fenômeno característico do começo do século XX em geral, mas os simbolistas contribuíram enormemente, além disso, para a teoria da poesia em seu aspecto lingüístico. Discutiremos esse ponto posteriormente. Lembremos simplesmente que por essa época existiam na Rússia certas condições favoráveis, tanto sociais quanto culturais, para a emergência do poeta-filólogo. A geração dos simbolistas russos pertenceu à *intelligentsia* e conseqüentemente foi recrutada de vários grupos sociais privilegiados (aristocracia, negociantes prósperos, famosas famílias de intelectuais). Quase todos os simbolistas mais destacados tiveram boa educação filológica. A. Biéli, além de química, estudou filosofia e lingüística, tendo sido aluno de Potiebniá; Briussov estudou com Korch; V. Ivanov e I. Ánienski foram estudantes do famoso filólogo clássico e especialista em história antiga, T. Zielínski. Ánienski tornou-se ele próprio um filólogo de destaque, sendo diretor do famoso liceu em Tzárskoie Sieló. Sua tradução de todas as tragédias de Eurípedes é ainda considerada clássica. Blok, que começou estudando Direito, um assunto muito em moda na época e no qual a instrução atingira um nível muito alto (Leon Petrazycki era, por essa época, um dos professores da Universidade de Petersburgo), transferiu-se para a Faculdade de Filosofia, onde "... admirou os cursos do professor Zielínski", como nos informa a sua tia materna M. Bekiétova.[29] Contudo, os escritos de Blok são pouco filológicos em comparação com os de Briussov e particularmente os de V. Ivanov, que já em sua autobiografia acentuava o fato de que os estudos universitários tinham-lhe dado material e estimulado obras tais como *Rosa i kriest* ("A Rosa e a Cruz") e também os seus trabalhos críticos.

Como já foi dito no começo deste capítulo, os simbolistas foram antes de tudo poetas líricos. Este fato não se deve exclusivamente à reação contra a prosa como principal produto literário do período precedente, mas tem raízes mais profundas, que estão ligadas a uma reação contra a concepção geral do mundo professada pela era positivista. O irracionalismo bergsoniano tornou-se um antídoto contra o utilitarismo e empirismo

(29) M. Bekiétova, *Aleksandr Blok* (Petersburgo, 1922).

positivista. Como acontecera antes no Romantismo, foi reputado do mais alto valor o espírito perceptivo e criativo, cuja expressão mais acabada era a poesia lírica. Daí por que a arte se tenha tornado um meio de cognição e por que, conseqüentemente, a poesia tenha adquirido um valor universal. Ser um poeta não significava simplesmente praticar uma habilidade ou uma profissão, mas era considerado como um estado de existência. Pois a poesia era tida como o único meio de conhecer a vida em seu mais alto e completo significado e, portanto, era identificada com a própria vida.

A cognição através da arte é o *leitmotiv* da teoria poética simbolista. Seguindo os neokantianos e tambem Bergson, distinguiram a cognição científica da intuitiva. A intuitiva, que seria a melhor, só podia ser levada a efeito pela arte. Biéli diz:

"A diferenciação da ciência nos leva ao caos total. [...] alterando-se a relação genética entre o conhecido e o desconhecido, tudo na mesma direção, a visibilidade do consciente e conhecido diminui infinitamente.

[...] Permanecendo num ponto de vista estritamente científico, jamais conseguiremos relações objetivas entre diferentes métodos científicos. [...]"[30]

Briussov, em seu artigo *"Kliutchi tain"* ("Chaves para os segredos"), diz abertamente que a arte é o único meio de conhecimento. O conhecimento sensorial é impossível, e a função da ciência é apenas trazer uma certa dose de ordem para o caos dos fenômenos incognoscíveis. Semelhante a esta concepção é a idéia de V. Ivanov da função da arte e do artista no processo de conhecimento:

"[...] Assim como a parteira facilita o processo do parto, o artista deve facilitar aos objetos o aparecimento da beleza: ele é destinado a retirar as membranas que impedem o nascimento da palavra".[31]

A arte como conhecimento, segundo a compreensão dos simbolistas, estava intimamente ligada ao seu aspecto formal. E aqui começa a verdadeira contribuição criadora da parte dos poetas-filólogos.

(30) A. Biéli, *Simvolism* (O Simbolismo — Moscou, 1910), p. 16.
(31) V. Ivanov, *Dvié stikhii v simvolismie* (Dois elementos naturais no Simbolismo), *Po zviózdam* (Pelas estrelas), pp. 249-250.

Nas universidades da época o Positivismo era ainda o caminho oficial no campo da literatura e, assim sendo, a moderna teoria poética foi criada fora dos círculos universitários. Por esta razão, no começo de nosso século, a moderna teoria poética foi criada por poetas e não pelos professores universitários. A lingüística, particularmente, estava profundamente imersa nos conceitos dos neogramáticos, e os poetas ficaram isolados e trabalharam independentemente.

O Simbolismo se constituiu teoricamente de dois fatores, que se completaram na formação do seu conceito, que impregnaram profundamente a prática e a teoria simbolistas e que são sempre encontrados como características compulsórias de todos os membros dessa escola: a *teoria das correspondências* e o problema da *criação de novos símbolos*.

No primeiro manifesto do simbolismo russo, o famoso artigo *"O pritchínakh upadka i o nóvikh tiechéniakh sovriemiénoi rúskoi litieratúri"* ("Sobre as causas do presente declínio e as novas correntes da literatura russa contemporânea"), Mieriejkóvski discute o símbolo como um procedimento universal na literatura, através do qual o artista apreende a essência do mundo. Presume-se que o traço distintivo de um símbolo seja o seu *caráter implicativo* (*niedogovórienost*). Isto é, deve ser apenas uma *sugestão* do objeto designado e não a sua indicação nominal.[32] Por causa desta propriedade, o símbolo se torna a essência da ambigüidade. O caráter múltiplo de suas alusões cria a riqueza de um símbolo.

Do ponto de vista da classificação de tropos, o símbolo é o tipo de metáfora que tem vários planos, enquanto que a metáfora propriamente dita tem apenas dois, dos quais apenas o plano figurativo se revela. Em um símbolo o *plano real* está sempre presente. Em seguida vêm o plano figurativo e o emotivo.[33] Assim, o símbolo tem pelo menos três planos. Por exemplo, o símbolo da morte nas artes visuais, tal como foi convencionado na Idade Média, pode revelar todos os três planos. Transformações posteriores na imagem da mor-

---

(32) Cf. D. Mieriejkóvski, *op. cit.*, (São Peterburgo, 1893).

(33) Devo essas observações ao professor K. Taranovski, a cujo seminário sobre Simbolismo assisti em Harvard no período 1964/1965.

te — não um esqueleto com uma segadeira, mas uma bela mulher que traz conforto e alívio,[34] mostra como a flexibilidade do aspecto emotivo exerce uma função decisiva na mudança dos outros planos.

Considerando o símbolo a essência da expressão artística, os simbolistas se encaminharam para a criação de novos símbolos. Suas imagens se colocam em um contexto no qual adquirem ao máximo um caráter ambíguo. Esse princípio se exemplifica muito bem em um poema de Z. Gippius intitulado *Chvéia* (A costureira):

> *Há três dias não falo com ninguém...*
> *Mas tenho idéias ávidas, malignas.*
> *Doem-me as costas; meu olhar se detém*
> *Em algo e só vê manchas azulinas.*
>
> *Plange o sino da igreja e emudece.*
> *O tempo todo estou comigo, a sós.*
> *A seda rubro-ardente range e cede*
> *Sob a inábil agulha do retrós.*
>
> *Sobre tudo o que ocorre há um selo impresso.*
> *O um e o outro estão como fundidos.*
> *Se aceito um, induzo-me ao recesso*
> *Do outro, o por detrás, o escondido.*
>
> *E esta seda me parece Flama.*
> *E agora não mais flama, talvez Sangue.*
> *E o sangue um indício apenas do que chamas*
> *Amor, na pobre língua, língua exangue.*
>
> *O amor? Um som... E a esta hora tardia,*
> *Do depois, do que vem... não vou dizer.*
> *Não é flama, nem sangue... vê, rangia*
> *O cetim sob a agulha de coser.*

Assim, começando no plano real, com uma mulher bordando pensativamente um tecido vermelho, o poeta chega à apresentação de um conjunto de dados correspondentes:

$$\text{seda vermelha} \rightarrow \text{vermelhidão} \begin{array}{c} \nearrow \text{sangue} \searrow \\ \searrow \text{chama} \nearrow \end{array} \text{amor}$$

Temos aqui uma manifestação algo superficial da teoria das correspondências. Podem-se encontrar exemplos muito mais requintados disso em muitos poemas de Blok, Biéli, Sologub e da própria Gippius. Aqui está sua conhecida *Piésnia* (Canção):

---

(34) Cf. os quadros do pintor simbolista polonês J. Malczewski: suas diversas versões de "Thanatos".

> Minha janela está longe do chão,
> Longe do chão.
> Vejo apenas o céu abrasado da tarde,
> Abrasado da tarde.
> E o céu parece vazio e pálido,
> Tão vazio e pálido...
> Ele não terá pena de um coração pobre,
> De meu coração pobre.
> Ai, numa dolência insana eu morro,
> Eu morro,
> Anseio por aquilo que não conheço,
> Não conheço...
> E este desejo não sei de onde
> Veio, de onde,
> Mas o coração deseja e pede um milagre
> Um milagre!
> Oh, aconteça aquilo que não ocorre,
> Jamais ocorre:
> O pálido céu me promete maravilhas,
> Ele promete,
> Mas choro sem lágrimas o juramento errado,
> O juramento errado...
> Preciso daquilo que não há no mundo,
> Que não há no mundo.

A situação em que se encontra a personagem tem três planos: 1) o plano real que se liga a uma situação de fato e que é marcado pela palavra *oknó*, "janela", que é uma janela real [35] 2) o plano figurativo, no qual o lugar indica a altivez de um poeta que se acha muito acima da gente comum ("longe do chão"). Esse é um motivo muito corrente; nós o encontramos em Blok, Balmont e outros e tornaremos a examiná-lo em conexão com outros aspectos da poesia, posteriormente. O terceiro plano, que é o plano emotivo ligado ao segundo plano, indica a solidão e o vazio e, conseqüentemente, o desespero do emissor. Esse é realmente o corpo principal da *mensagem* e está claramente expresso em todo o vocabulário do poema.[36] Termos cósmicos e abstratos ("terra", "céu", "tarde"; "dolência", "desejo", "milagre", "juramento") predominam entre os substantivos. Os tipos mais comuns de qualificativos

(35) Esse aspecto remete-nos ao lado biográfico do poema: Mieriejkóvski e Gippius viveram em São Petersburgo num apartamento de cuja janela Gippius costumava contemplar a rua. *N. de O.*: Dá-se aqui apenas uma tradução literal, não uma re-criação, do poema *Canção*.

(36) O vocabulário deste poema pode ser considerado típico de Gippius em geral. Cf. um artigo de Maslennikov, "Spectre of Nothingness: The Private Element in the Poetry of Zinaida Gippius", *The Slavic and East European Journal*, 6 (1960).

são construções negativas, que indicam tristeza e dor ("vazio", "pálido", "pobre", "insano", "errado"). A estrutura sintática é marcada pela abundância de negações e construções oxímoras ("choro sem lágrimas"; "anseio por aquilo que não conheço").

Tendo examinado o nível temático do poema, no que se refere aos três planos do símbolo, analisemos agora o seu nível sonoro, cuja expressão mais destacada é a rima. O padrão rímico deste poema é conhecido como padrão-eco: o elemento final da linha precedente (uma palavra ou um conjunto sintático) se repete na linha seguinte e ali permanece isolado, como um verso independente. Um dos efeitos dessas repetições é reforçar a rima e é usado com essa função por todos os simbolistas. Mas nesse caso particular o padrão-eco corresponde à mensagem do poema: o emissor, em seu *isolamento* e *vazio,* não ouve qualquer resposta ao seu desesperado apelo, mas só o eco de suas próprias palavras.

Outro elemento que mostra uma interessante conexão com o nível temático é a textura fonêmica do poema. Eis o quadro das vogais tônicas:[37]

1.	o	o	o	o		
2.			o	o		
3.	i	(o) e	e	o		
4.			e	o		
5.	e	a	y	e		
6.		(i)	y	e		
7.	(o)	a	e	e		
8.		(i)	e	e		
9.	y	a	u	a		
10.				a		
11.	u	u	(o)	a		
12.				a		
13.	(e)	a	a	u		
14.			o	u		
15.	e	o	o	u		
16.				u		
17.	(o)	u	(u)	o	(o)	a
18.					a	a

(37) As vogais entre parênteses são as que podem ter um acento lógico, de acordo com a opção do leitor. *N. de O.*: A tabela fônica refere-se ao original russo do poema, naturalmente.

19.	e	e	e	a
20.			o	a
21.	a	o	e	e
22.			e	e
23.	u	o	e	e
24.			e	e

Trata-se, aparentemente, de um jogo entre vogais claras e escuras. A predominância é dada às vogais escuras (*a,o,u*): entre 73 vogais, 45 são escuras. Além disso, quatro vogais (*o*) escuras preenchem a primeira linha do poema, estabelecendo o tom geral da "Canção", à maneira de um diapasão.

Assim, o valor sinestésico das vogais russas é utilizado aqui em *correspondência* com o tema: a obscuridade, que do ponto de vista acústico corresponde à tonalidade grave, é utilizada em correspondência sinestésica com a tristeza, o desespero e o vazio. Estabelece-se assim uma conexão entre o valor fonêmico e o ânimo sombrio da mensagem. Essa estrutura, que como se pode ver está organicamente relacionada com a poesia simbolista,[38] é uma parte importante da própria noção de *símbolo*.

Conseqüentemente, a noção de signo, na teoria da linguagem simbolista, sofre uma importante modificação. No século XIX a função referencial era a única que estava reservada para o signo. O signo era um veículo de conhecimento, um auxílio necessário para o conhecimento de um objeto e a sua designação. A teoria simbolista revoga o dualismo de "forma e conteúdo", de *signum* e *signatum*. O signo adquire ele mesmo o seu próprio "significado" e deve ser considerado juntamente com o "conteúdo" que reflete. Um exemplo muito interessante a esse respeito são os escritos de Blok. Eis aqui um dos seus poemas, do ciclo *Stikhi o Priekrásnoi Dámie* (*Versos sobre a Bela Dama*), onde se observa distintamente um tema subjacente de vogais que corresponde ao nível temático geral, externo:

---

(38) Vide artigo de K. Taranovsk, "The Sound Texture of Russian Verse", IJSLP, IX (1965), apresentando muitos exemplos da poesia simbolista, particularmente Blok, cujas correspondências entre padrões fonêmicos e temáticos são reveladas em grande número de exemplos.

> *No templo de naves escuras,*
> *Celebro um rito singelo.*
> *Aguardo a Dama Formosura*
> *À luz dos velários vermelhos.*
>
> *À sombra das colunas altas,*
> *Vacilo aos portais que se abrem.*
> *E me contempla iluminada*
> *Ela, seu sonho, sua imagem.*
>
> *Acostumei-me a esta casula*
> *Da majestosa Esposa Eterna.*
> *Pelas cornijas vão em fuga*
> *Delírios, sorrisos e lendas.*
>
> *São meigos os círios, Sagrada!*
> *Doce o teu rosto resplendente!*
> *Não ouço nem som, nem palavra,*
> *Mas sei, Dileta — estás presente.*

O conhecido tema simbolista da luta entre obscuridade e luz, relacionado com o tema da Espera, completa-se aqui com o típico simbolismo blokiano da igreja e da cerimônia ("rito singelo"), porquanto o poeta está à espera da chegada Dela, uma associação mágica e irreal da Madona e da mulher terrestre. A transição da obscuridade de um algo desconhecido (o ícone da Madona na sombra = a ausência Dela) para a luz de seu aparecimento pelo menos na intuição ("Não ouço nem som, nem palavra, / Mas sei, Dileta — estás presente"), é representada, no original russo, com perfeita clareza pela transformação da maioria das vogais escuras na primeira estrofe (11 vogais escuras, 1 vogal clara), na predominância de vogais claras na última estrofe (7 vogais claras, 5 vogais escuras; na segunda estrofe existem 7 escuras e 5 claras; na terceira, 5 escuras e 7 claras).

Os simbolistas não consideraram a linguagem poética como um discurso ornamental em que a função dos tropos e das figuras fosse a de embelezar esse discurso. Para eles, as imagens se tornam *símbolos,* que nos revelam uma conexão real entre as coisas. O símbolo, portanto, tem primariamente um caráter criativo. Biéli formula isso muito claramente em seu artigo "*Máguia slov*" ("A magia das palavras"):

"A palavra cria um terceiro mundo, o mundo dos símbolos sônicos, por meio dos quais se iluminam os mistérios tanto do mundo estabelecido fora de mim, como os encerrados em mim; [...]. No som recria-se um novo mundo, nos limites do qual eu me sinto criador da realidade; então, começo a nomear os objetos, isto é, a recriá-los novamente para mim."³⁹

Acentua particularmente a função do som como sendo a própria natureza da palavra:

[...] "toda *palavra* é antes de tudo *som;* a primeiríssima vitória da consciência reside na criação de símbolos sonoros."⁴⁰

O interesse de Biéli na linguagem poética não se restringe ao nível sincrônico. Também lhe concede uma função histórica fundamental:

"[...] na língua tal como na atividade humana, *os meios de expressão constituem princípio orgânico;* eles exercem influência direta na constituição das formas gramaticais."⁴¹

A idéia se baseia obviamente no conceito de Potiebniá sobre a linguagem poética,⁴² à qual esse grande estudioso também assinala uma primazia histórica. A teoria de Potiebniá da linguagem poética como a linguagem das imagens (*óbrazni iazik*), que foi discutida na primeira parte desse livro, serviu evidentemente como base para o raciocínio de Biéli, embora a sua idéia da *imagem como símbolo* tenha sido enriquecida por outros conceitos correntes entre os simbolistas. Seguindo Potiebniá, Biéli compreende a "imagem" poética como um fenômeno dependente do sujeito que a percebe:

"O discurso poético [...] não demonstra nada por meio de palavras; as palavras agrupam-se de tal modo que o conjunto fornece uma imagem; o significado lógico dessa imagem é indefinido e visualmente ela é indefinida também, *nós mesmos temos de preencher o discurso vivo, com conhecimento e criação;*"⁴³

Temos aqui a conhecida noção de Potiebniá de "um predicado constante com um sujeito modificável".⁴⁴

(39) A. Biéli, p. 430.
(40) *Ibid.*
(41) *Ibid.* (grifos meus).
(42) Cf. A. Potiebniá, *Misl i iazik* (Pensamento e linguagem — Cracóvia, 1905).
(43) Biéli, *op. cit.*, p. 433 (grifos meus).
(44) Vide Parte I deste livro.

As afirmações de Biéli sobre a automatização da linguagem também pertencem ao sistema de idéias de Potiebniá: a linguagem das imagens se extingue logo que se torna a linguagem das noções abstratas, dos signos lógicos. Somente através de novas imagens desenvolvemos a nossa linguagem:

"O objetivo do convívio entre os seres vivos está dirigido para o futuro e, por isso, as palavras abstratas, quando se tornam signos de convívio, devolvem o convívio humano àquilo que já existiu; pelo contrário, o discurso vivo, imagético, que ouvimos, incendeia nossa imaginação com o fogo de novas criações, isto é, novas formações de palavras;[45] [...] as imagens se decompõem; evola-se a poesia das palavras e, então, já reconhecemos as palavras como conceitos abstratos [...]"[46]

Da linguagem poética, que, como se verifica pela poesia folclórica, é o modo primário de expressão, para a linguagem "prosaica" da comunicação e desta de volta para a linguagem poética — tal é, de acordo com Potiebniá, a trilha do desenvolvimento lingüístico.[47]

É interessante ver a relação que existe entre Potiebniá e a teoria simbolista da linguagem poética, assim como a relação entre Potiebniá e o grupo da *Opoiaz*, mas é importante observar que as conclusões a que chegaram os dois grupos são totalmente diversas. A função do som é fundamental para ambos, embora o grupo da *Opoiaz* lhe atribua um valor independente, que tentaram a princípio interpretar em termos fisiológicos. Para Biéli o som tem sempre um paralelo necessário com outros fenômenos: é sempre um *símbolo*, refletindo duas realidades — uma material e outra espiritual — em um signo. Nas obras teóricas de Biéli todos os elementos formais se tornam *diretamente significativos*: a curva rítmica de "O cavaleiro de bronze" indica a linha da vida do protagonista; revela, também, a sua estrutura mental (a realidade externa e a realidade espiritual).[48] O ritmo iâmbico do poema de Púchkin, *Ievguêni Oniéguin*, se refere diretamente ao

(45) *Ibid.*, p. 433.
(46) *Ibid.*, p. 435.
(47) Potiebniá, *op. cit.*
(48) A. Biéli, *Ritm kak dialéctica i "Miédni vssádnik"* (O ritmo como dialética e "O cavaleiro de bronze" — Moscou, 1929). — N. de O.: "O cavaleiro de bronze" é um poema famoso de Púchkin.

som do champanha vertido nas taças; diferentes fonemas exprimem alguns gestos que poderiam ser representados por desenhos e que já estariam refletidos visualmente através de seus signos gráficos.[49] Como se pode ver, o símbolo aparece aqui outra vez como um instrumento de cognição, em sua forma mais alta, real e verdadeira, como foi enfatizado por todos os simbolistas. Deste modo a interpretação monística dos simbolistas no que diz respeito à oposição forma /conteúdo representa um *monismo epistemológico,* ao passo que a escola formalista se desinteressa de toda epistemologia como sendo algo irrelevante para os problemas da arte.

Também a idéia de automatização e a função primordial da imagem poética no processo de revivescência da linguagem, revelam características diferentes em ambos os grupos. Enquanto os membros da *Opoiaz* acreditam na existência de leis imanentes que governam as transformações lingüísticas, os simbolistas propõem como uma *conditio sine qua non* a função da individualidade criadora. Esta condição tem um impacto importante na poética simbolista e sua noção geral do que seja o poeta e a poesia.

A função individual do poeta é tão acentuada pelos simbolistas quanto fora pelos românticos. De fato, o "ego-lírico" simbolista e a idéia do poeta são uma variante de correspondentes conceitos românticos. Em ambos os casos o poeta nasce gênio, situa-se acima da multidão e da realidade. O poeta olha para esse mundo através da janela — como diz Balmont em seu artigo *"Simvolism kak mirovozzriênie"* ("Simbolismo como visão do mundo"). E essa imagem persiste, na verdade, em motivos recorrentes:

> *Minha janela está longe do chão... (Gippius)*
> *Eu dos meus cimos tudo ouço... (Blok)*
> *Eu subia à torre... (Balmont)*

Tal como sucedia aos românticos, o poeta simbolista se sente possuído por uma inspiração celeste. Esse traço é particularmente forte em Blok: é suficiente apenas mencionar as primeiras linhas do famoso poema do

(49) Cf. Biéli, *Glossalólia* (Berlim, 1922).

ciclo *Iámbi* (Versos iâmbicos): "Isto me dita a inspiração..." e, particularmente, o seu *Khudójnik* (O artista). Neste último, a inspiração desce sobre o poeta em forma de sons musicais e então é assassinada pela "razão criadora" (*tvórtcheski rázum*). O poeta, privado de sua inspiração, é oprimido por um "tédio mortal" (*skúku smiertiélnuiu*) — um motivo que evoca Púchkin:

> *Enquanto Apolo, do poeta,*
> *Não cobra o sagrado tributo,*
> ....
> *Sua lira sacra em silêncio;*
> *Fria, a alma está dormindo:*
> *Dentre os terrestres pequenos,*
> *Ele é talvez o mais ínfimo.*

Pode-se também comparar a função do elemento biográfico em ambos os caminhos poéticos: a poesia simbolista, como a romântica, é certamente "biográfica", e é Blok, novamente, o exemplo mais representativo.

Por outro lado, a tonalidade geral do Simbolismo se coloca num registro muito mais baixo do que o da poesia romântica. O que predomina são os motivos de vazio, resignação ou tédio. Assim, ao invés do conflito romântico entre o poeta e o seu ambiente social, ao invés da rebeldia romântica, o poeta simbolista é marcado por uma completa indiferença em relação à sua circunstância ambiental. A mais forte representação dessa atitude se encontra na poesia de Gippius:

> *Eu ouvia sem palavras*
> *Como o amor perecia.* [...]
> ....
> *Eu não sentia o pesar,*
> *Nem a pena me afligia.* [...]

Ou:

> *Não sinto amor por ninguém,*
> *Por nada tenho desejo.* [...]

A realidade circundante não é apenas medíocre, aborrecida e cansativa — como na "brincadeira estulta e vã" de Lérmontov —, mas é ainda *o nada e o vazio* em que o poeta está submerso (motivos de Gippius e do "vazio fatal" de Blok). Outra variante da mesma idéia é o motivo da *vanitas vanitatum*: "murchar, sofrimento e decomposição", "todo este ruído no pó terrestre" — isso é tudo que Sologub consegue ver neste mundo. Daí o culto simbolista da Morte, que apenas pode trazer "clareza aos olhares".

Os críticos contemporâneos do Simbolismo já observavam a existência de uma relação muito específica entre o poeta simbolista e o seu leitor. Quando criticou Balmont pelo tratamento descuidado de seus "ouvintes", Mandelstam chamou isso de "ausência de destinatário", no seu artigo *"O sobiessiédnike"* ("Sobre o interlocutor"):

> "O 'tu' de Balmont jamais encontra o destinatário, passando ao lado deste como uma flecha desferida por uma corda demasiado tensa [...]. Na balança da poesia de Balmont, o prato do 'eu' sobrepujou decisiva e injustamente o prato do 'não-eu', que resultou leve demais."[50]

Como suporte de sua acusação o autor cita os seguintes versos de Balmont:

> *Não conheço um saber que para os outros sirva,*
> *Poesia, para mim, é uma coisa evasiva...*
> ....
> *Vejam, sou apenas uma nuvem — deslizo!*
> *Aos sonhadores, não a vocês, me dirijo!*

A observação de Mandelstam pode ser generalizada em relação a todo o grupo de simbolistas, nos quais se nota, de fato, uma certa distância entre poeta e destinatário. O poeta parece ignorar se alguém o está escutando ou não, porque sabe que está cercado pelo vazio (Gippius). Por outro lado, essa atitude revela o culto simbolista do indivíduo como um objetivo em si mesmo, sem nenhuma tarefa posterior a cumprir, como observou Khodassiévitch.[51] Uma expressão muito característica dessa peculiaridade pode ser encontrada nos poemas *Poétu* (Ao poeta) e particularmente *Iúnomu poétu* (A um jovem poeta) de Briussov:

(50) O. Mandelstam, *"O sobiessiédnike"* ("Sobre o interlocutor"), *Sobránie sotchiniêni* (Obras reunidas — New York, 1955).
(51) Cf. V. Khodassiévitch, *Niecrópol* (*Necrópole* — Bruxelas 1939).

Ao poeta

Deves ser altivo — bandeira!
Deves ser espada — cortante!
Deve uma interna labareda
Queimar-te o rosto, como a Dante.

Sê a testemunha impassível
Que o olhar por tudo circungira.
Cultiva a virtude viril
Que leva os mártires à pira.

Tudo na vida é apenas ponte
Para o poema, cantante-claro.
Desde a infância, gaio horizonte,
Tu, nessa faina dos vocábulos.

No auge do enlace de amor
Mantém a paixão arredia,
E crucifixo na dor,
Celebra a dor que te excrucia.

Doce manhã, noturno abismo,
Constante o Fado te segreda:
Em todo tempo foi de espinhos
A nobre coroa do poeta.

A um jovem poeta

Pálido jovem de mirada ardente,
Dou-te agora minha senha secreta.
Primeira lei: não vivas o presente,
Só o futuro é o país do poeta.

Lema segundo: não te compadeças
De nada; ama a ti mesmo sem limites.
Venera a arte: é a terceira sentença,
Somente a arte, e em nada mais medites.

Pálido jovem de olhar temeroso,
Se aceitares minha senha secreta,
Cairei calado, gladiador deposto,
Sabendo que deixo no mundo um poeta.

É altamente interessante o fato de não encontrarmos nesses poemas qualquer referência à poesia — mas só ao poeta enquanto personalidade. O objetivo do poeta na vida é provar a sua indiferença *em confronto com, mas não em relação aos, outros*. Ostenta ademais um impressionante controle dos sentimentos: "Sê testemunha impassível de tudo"; "No auge do enlace de amor / Mantém a paixão arredia".[52] Todos esses

(52) Cf. a interessante análise do primeiro poema, de V. Erlich, "O artífice e o vidente" in *The Double Image, Concepts of the Poet in Slavic Literatures* (A imagem dupla: Conceitos sobre o poeta nas literaturas eslavas — Baltimore, Maryland, 1964).

atributos ou indicações estão longe de serem os de um poeta romântico. Encontram-se todavia motivos de solidão e alheamento também entre os românticos, como nos seguintes versos de Mickiewicz:

> *Solitário! Que há para mim*
> *Nas pessoas? Canto para os outros?*
> *Quem jamais saberá discernir,*
> *No meu verso, o pensamento, o todo?*

Mas, muito mais típicos são os desejos e as esperanças da Bátiuchkov:

> *Mas eu vivo — e sobre este mundo*
> *Minha existência apraz a alguém.*
> *Há de encontrá-la nos meus versos*
> *Um meu longínquo descendente. ...*
> *..............................*
> *E como no meu tempo achei um camarada,*
> *Na minha descendência hei de ter um leitor.*

O poema *Pámiatnik* (Monumento) de Púchkin exprime noções semelhantes. Sua musa deveria ignorar e desprezar apenas "o tolo" (*gluptzá*), de quem tanto o aplauso quanto a repreensão seriam ouvidos "indiferentemente".

Finalmente, em comparação com os românticos, a idéia de profecia na poesia simbolista é muito reduzida, mostrando que o poder do poeta é limitado: surge apenas no período final de Blok e Biéli.

"É objetivo do Simbolismo, a par das imagens lado a lado, como que hipnotizar o leitor..." — escreveu Briussov em sua introdução à primeira coletânea de *Rúskie simvolísi* (Simbolistas russos).[53] Essa definição de poesia está de acordo com o conceito de poeta-mágico ou poeta-sacerdote — conceito recorrente nos textos simbolistas. "Nós — como sacerdotes — celebramos o ritual", diz Briussov;[54] e Gippius confirma isso, confessando em suas reminiscências: "Eu sempre digo versos da maneira como rezo".[55] A poesia como uma prece ou como uma cerimônia tem na tranqüilidade o

(53) *Op. cit.*, Série I (Moscou, 1894), p. 4.
(54) A citação foi tirada de: V. Hofman, *Iazik simvolistov* (A linguagem dos simbolistas), *Litieratúrnoie nasliedstvo* (A herança literária), 27-28 (Moscou, 1937), p. 71.
(55) Z. Gippius, in *Tchetire stikhotvoriênia, príslanie A. Zlóbinim*. (Quatro poemas enviados por A. Zlóbin), *Nóvi Jurnal*, 64 (1961).

sëu principal atributo. Gippius estabelece esse princípio como um programa e uma solicitação:

> Jamais leiam
>   Versos em voz alta.
> Se os lerem, o
>   Espírito se afasta.
> Brancos esqueletos,
>   Jazem quietos.
> Quem dirá:
>   Foram versos!
> Ao silêncio aspira
>   A música das rimas.
> O rumor da fala
>   Destrói-lhes a alma.

Assim, o modelo simbolista da poesia é uma calma "música das palavras" que, de acordo com essa tranqüilidade, é também lânguida e vagarosa. "Sou o rebuscado da lenta fala russa" — declara Balmont em um poema no qual a vagarosidade do discurso poético iguala-se ao seu requinte. Além do mais, é possível indicar que categorias gramaticais conferem esta imobilidade e tranqüilidade à estrutura poética.

Humboldt já observou há tempos que o elemento conferidor de energia ao discurso é o verbo.[56] Uma quantidade considerável de poemas compostos segundo os cânones simbolistas ocupa-se deste problema, tácita ou explicitamente. Observemos o que ocorre no célebre poema de Balmont cujo título é *Biezglagolnost* (Averbal):

> A natureza russa é ternura cansada,
> Tristeza taciturna de uma dor sem cura,
> Febre sem saída, sem voz, ilimitada,
> O frio vertiginoso, a longa desmesura.
>
> Vem ao amanhecer à encosta da colina,
> Sobre o rio friorento uma bruma de aurora,
> Os pinheiros escuros hirtos na neblina, —
> Coração desacorde! O coração dessora!
>
> O junco inanimado. A exânime espadana.
> Paz da não-palavra. Silêncio absoluto.
> Os pastos a fugir para um longe de grama.
> Sobre as coisas, suspenso, um langor surdo-mudo.

(56) Vide, entre os estudiosos russos, A. Piechkóvski, *Rúski sintáksis v naútchnom osviechchênii* (A sintaxe russa abordada cientificamente — Moscou, 1934).

O que se apresenta no poema é uma imagem da natureza imóvel, dada como sendo típica da paisagem russa em geral ("A natureza russa é ternura cansada"). Esse traço paisagístico é chamado figurativamente de "averbalidade", o que poderia ser lido como "imobilidade", "entorpecimento", isto é, falta de energia, tranqüila suavidade. O que corresponde ao conceito e imagem total, claramente expressos pelo título, é uma tendência visível no poema para evitar a ocorrência de verbos e construções verbais, especificamente nas estrofes I e III, contendo a estrofe I apenas um verbo auxiliar e a estrofe III um único verbo. Balmont escreveu vários outros poemas em que a tentativa de construir uma descrição sem verbos é a principal preocupação. Tal é o caso de sua "Canção sem palavras":

> *Relvas, ranúnculos. Suspiros de amor.*
> *Ruflo de andorinhas. Requebros, reflexos.*
> *Ramos viridentes. Recamos de flor.*
> *O límpido arroio, múrmuro, irrequieto.* (*)

Ou ainda o de *Prízraki* (Espectros):

> *Tremer de folhas, tímidos talos,*
> *Fluxo de onda e fervor de espuma,*
> *A voz do vento, o trom dos carvalhos,*
> *Lua lisa, de lívido lume....*

Observa-se a mesma tendência no seu famoso *Tcholn tomliênia* (O barco do langor), que é geralmente apresentado como exemplo de paronomásia e onomatopéia. Mas observemos, nesse mesmo exemplo, a construção muito característica que envolve uma série de cláusulas estritamente nominais, com apenas um verbo em toda a estrofe:

> *Borrasca. Beira-mar. Borrões de treva.*
> *O pomposo pregão do mar escuro.*
> *Próxima a procela. Embate na pedra*
> *Lúrido batel imune aos conjuros.*

Encontra-se exatamente a mesma construção em Briussov:

(*) Deste poema, só traduzimos, exemplificativamente, a primeira estrofe. (Nota dos organizadores).

> *Longes imperiais. Imperial brancura.*
> *Blocos imperiais de gelo, imensidão.*
> *Sombras, solidez, silêncio, solidão.*
> *Nevado sem-fim de ominosa planura.*

Seria difícil provar, sem estatísticas especiais, que a poesia simbolista tem, de modo geral, uma percentagem mais baixa de verbos. Mas isso não é tão importante quanto o próprio fato de que os poetas estavam preocupados com esse problema. A melhor prova disso são as peças acima citadas, que mostram uma visível orientação para as construções sem verbo, ou poemas *sobre* a fala e a linguagem em que essa idéia se reflete de alguma maneira. Observando a poesia futurista podemos ver como, em contraste, o verbo nela exerceu importante função.

Outro aspecto do mesmo problema é o "estilo incorpóreo" (*biesplótni stil*), de acordo com a expressão de Blok, que deveria ser, segundo os simbolistas, a marca da poesia. Esse traço constante pertence ao plano das imagens que, na prática de todos os simbolistas, e particularmente na de Blok, tornaram-se vagas e inconcretas. Os exemplos mais representativos disso são os poemas de Blok que fixam paisagens urbanas, dos quais o mais conhecido é *Fábrica*:

> *No prédio há janelas citrinas.*
> *E à noite — quando cai a noite,*
> *Rangem aldravas pensativas,*
> *Homens aproximam-se afoitos.*
>
> *E os portões fechados, severos,*
> *Do muro — do alto do muro,*
> *Alguém imóvel, alguém negro*
> *Numera os homens sem barulho.*
>
> *Eu, dos meus cimos, tudo ouço:*
> *Ele os chama, com voz de aço,*
> *Costas curvas, sofrido esforço,*
> *O povo aglomerado embaixo.*
>
> *Eles hão de entrar à porfia,*
> *Hão de pôr às costas o fardo.*
> *Riso nas janelas citrinas:*
> *Tapearam os pobres-diabos.*

Todas as categorias gramaticais aqui utilizadas contribuem para tornar o quadro o mais abstrato possível. Observamos, logo de início, categorias indefinidas e impessoais utilizadas em posições-chave. O sujeito principal do "drama" no poema é indicado duas vezes, ambas pelo pronome indefinido: *kto-to* (alguém). O objeto passivo do "enredo" também é designado com um pronome: *oni* (eles). A não ser isso, o objeto aparece apenas em casos oblíquos: em uma única ocasião está no nominativo — *liúdi* (homens). Retornando ao sujeito da ação — na última frase da estrofe final aparece outra vez numa sentença impessoal: "Riso nas janelas citrinas..."; além do mais, no original, desta vez ocorre uma forma plural de verbo, que intensifica a idéia de abstração. Os qualificativos também são muito característicos: eles são ou adjetivos metafóricos, tais como *zadúmtchivie bólti* (aldravas pensativas), *miédni gólos* (voz de bronze)* ou adjetivos como *sossiédni* (vizinho)** que em dados contextos não especificam quaisquer atributos de um objeto descrito. É óbvio que ao colocar o misterioso "alguém" sobre o muro" (*na stienié*) — o que se repete duas vezes sem nada de ocasional — o autor contribui enormemente para que "isso se torne estranho" (*ostraniênie*) e particularmente para que se crie a imagem de "alguém" inconcreto graças ao contorno bidimensional. Muito caracteristicamente, as pessoas da multidão, objeto passivo da "trama", são apresentadas metonimicamente: apenas as suas costas (*spíni*) são mostradas na ação, e isso acontece de novo duas vezes: "Ele os chama, com voz de aço, / costas curvas..." (terceira estrofe); "Hão de pôr às costas o fardo" (última estrofe).[57] Deste modo, a multidão laboriosa aparece como uma verdadeira "massa sem fisionomia", nada mais do que um mero signo. Deve-se notar, entre parênteses, que essa imagem de "costas" como descrição metonímica da massa trabalhadora reaparece em obras posteriores de Blok, levemente modificada — como "corcunda" (*gorb*): "Trabalha, trabalha, trabalha, / Ganharás corcunda disforme..."

A técnica do contorno reaparece em muitos poemas, particularmente os que foram escritos por Blok

(*) Na tradução do poema, por um efeito de rima, está "voz de aço", mantendo-se o sentido básico "voz forte" (Nota dos organizadores).
(**) Na tradução foi mantida a não-especificidade do original, através da construção "No prédio", eliminando-se mesmo o adjetivo "vizinho". (Nota dos organizadores).
(57) Como foi observado por Kornéi Tchukóvski em seu *Kniga ob Aleksandre Bloke* (Livro sobre Aleksandr Blok — São Petersburgo, 1922).

durante a mesma época, bastando citar um que começa de maneira muito semelhante e utiliza os mesmos efeitos de *chiaroscuro*:

> Ali — *naquela rua, havia certa casa,*
> *Subia-se no escuro por degraus angustos.*
> *Uma porta se abrindo, ruído de vidraça,*
> *A luz se escapulia, — e novamente o escuro.*

E mais um exemplo nos mostrará outro procedimento de Blok, com a mesma função de tornar a imagem vaga:

> *Apagando as velas, rente, qual*
> *Certo espírito, velado o rosto,*
> *Há de passar pelo caro umbral*
> *Esperando o impossível encontro.*

Aqui, em vez do sujeito, dá-se apenas uma cláusula comparativa (*Kak niéki dukh,* qual certo espírito) e, além disso, o substantivo é modificado por um pronome indefinido, o que torna a cláusula comparativa também vaga (*niéki dukh,* certo espírito). Assim, a misteriosa pessoa com o rosto encoberto tem sua analogia completa na matéria gramatical onde apenas existe um "espaço" para o sujeito, estando este ausente, contudo. Um caso interessante é um dos primitivos poemas de Blok que começa com as palavras: "Eu te pressinto", que é todo escrito como uma apóstrofe a uma pessoa cujo gênero gramatical não é sequer mencionado, de modo que o efeito disso é a ausência de qualquer informação sobre o destinatário. Esse efeito é conseguido pelo uso exclusivo de formas apostróficas, isto é, a segunda pessoa do pronome pessoal (*tiebiá, ti*...) e a segunda pessoa do verbo, sempre no tempo presente.

O poema de Sologub "*V pólie nie vidno ni sgui*" (na tradução, "Num campo onde tudo é torvo"), apresenta um efeito semelhante:

> *Num campo onde tudo é torvo,*
> *Alguém clama por socorro*
>   *Que fazer?*
> *Eu mesmo sou pobre e fraco,*
> *Eu mesmo em mortal cansaço.*
>   *Que há de ser?*

> *Alguém chama no deserto:*
> *Meu irmão, chega-te perto!*
> *Somos dois.*
> *Se é difícil o caminho,*
> *Morreremos no caminho.*
> *Não a sós!*

O poema se constrói em duas vozes que se alternam em diálogo (com uma pequena introdução que descreve "lugar e ação"). Nenhuma dessas vozes é individualizada ou concreta (graças à mesma técnica de utilizar pronomes indefinidos e segunda pessoa das formas verbais). O efeito total é que não se sabe quem está falando com quem e, finalmente, não fica claro se existem duas ou três vozes. A inconcretude geral da situação apresentada e as "rimas em eco" evocam a impressão de um vazio — motivo recorrente na poesia simbolista.

Em seus primeiros artigos sobre o Simbolismo[58], Briussov diz que já era tempo de se mudar da poesia de cores (*poésia krássok*) para a poesia de nuances. Quando um dos fatores importantes da poesia — a imagem cromática (*kráski*) — é suprimido e parcialmente eliminado, deve haver outro elemento para compensá-lo. Sabe-se de maneira geral que a poesia simbolista era totalmente orientada para a música. Não repetiremos aqui as citações muito conhecidas de Verlaine e outros famosos simbolistas franceses ou russos sobre essa matéria. Mas devemos lembrar mais uma vez o que é a "poesia enquanto música" em termos de linguagem. "Música" em poesia significa uma particular organização sonora. Não se relaciona tanto com a idéia de composição; contudo, Biéli usou algo da técnica de composição musical em suas "Sinfonias" e na sua prosa em geral. Mas os problemas cruciais do Simbolismo foram os seguintes: 1) saturação da poesia com repetições sonoras; 2) escolha especial de fonemas, particularmente aqueles que se acreditava terem valores "melódicos". A esses princípios Biéli chamou de "instrumentação" da poesia (*instrumientovka*).

No nível fonêmico, há uma grande quantidade de exemplos mostrando a predominância de vogais na es-

---

(58) V. Briussov, 1. *Interv'iu o simvolísmie* (Entrevistas sobre o Simbolismo), 2. *"K istórii simvolisma* (Para a história do Simbolismo), *Litieratúrnoie nasliedstvo* (A herança literária), 27-28 (1937).

trutura, com a predileção de vogais diferentes em poetas diversos. Por exemplo, Briussov e Blok parecem mostrar preferência por /a/.[59] Blok se utiliza também, com freqüência, da combinação de /o/, /a/, /e/[60]:

> *Vem a tarde em tom cinéreo,*
> *Acalma-se o claro vento.*
> *Revoa o corvo ao pinheiro,*
> *Toca um sino sonolento.*
> ....
> *Utikháiet sviétli viétier,*
> *Nastupáiet siéri viétcher.*
> *Vóron kánul na sosnu,*
> *Trónul sónuiu strunu.*

O que determina o seguinte padrão (tônicas):

a e e
a e e
o a u
o o u

Esse conjunto de vogais quase atinge o estágio da identidade: há uma repetição nas duas primeiras linhas e apenas uma vogal, /o/, diferente nas duas linhas seguintes: (/o/, /a/, vogais múito próximas entre si). Não enumeraremos os múltiplos exemplos desse tão conhecido fenômeno[61], citamos apenas o mais relevante.

No nível morfológico Balmont nos fornece exemplos como este (já citado por outras peculiaridades):

> *Borrasca. Beira-mar. Borrões de treva.*
> *O pomposo pregão do mar escuro.*
> *Próxima a procela. Embate na pedra*
> *Lúrido batel imune aos conjuros.*
> *Viétcher. Vzmórie. Vzdókhi vietra,*
> *Vielitchávi vozglas voln.*
> *Blizko búria. V biérieg biótsia*
> *Tchújdi tcháram tchórni tcholn.*

Observa-se aqui a repetição das consoantes iniciais, fortemente sustentadas pelo padrão rítmico trocaico.

(59) Vide G. Donchin, *The Influence of French Symbolism on Russian Poetry* ('s-Gravenhage, 1958); vide também K. Taranovski, *op. cit.* O autor discute a função sinestésica dos sons em cada caso.

(60) Cf. K. Tchukóvski, *op. cit.*

(61) O livro de G. Donchin (vide nota 59) nos dá a mais exaustiva coleção de exemplos que se conhece de todos os fenômenos aqui registrados.

Mas há também uma repetição dos mesmos fonemas em vários grupos morfológicos:

več — vět	bur — běr
vz — vz — voz	čar — čor
vel — vol	čor — čol
voz — vol	č-r-m — č-r-n — č-l-n

Em Biéli, observam-se construções semelhantes, com uma característica instrumentação consonantal:

> Qual jovem deus, Dalai-Lama
> D'Himalaias cabeças-brancas

A predileção pela nasal /m/ e a líquida /l/ parece ser geral entre os simbolistas, pois estas duas classes de consoantes eram consideradas "musicais".[62]

Menos interessante, mas apesar disso muito destacada, é o uso da onomatopéia, professado por Balmont. Em seu *Kamichi* ("Juncos") encontramos as consoantes "não-musicais" /š/ e /č/ justificadas pela sua função onomatopaica.

No nível da sintaxe, há todas as espécies de repetições possíveis: paralelismo de sentenças inteiras, às vezes com variações dentro de uma só linha ("Quero ser atrevido, quero ser valente..." — Balmont); repetição de parte da sentença anterior em duas linhas juntas ("Caçava em sonho as sombras fugidias, as sombras fugidias do dia no ocaso..." — Balmont); simples repetição com a função de eco ("E à noite, quando cai a noite / Do muro, do alto do muro..." — Blok; cf. o exemplo semelhante da "Canção" de Gippius).

Um recurso especial de equivalência sonora, de que os simbolistas tiveram um conhecimento exaustivo, é a rima. Seus novos tipos de rima constituem um marco divisório na história da poesia russa. Realizaram um grande esforço para tornar a rima surpreendente e cheia de sonoridades ("rica"). Briussov nos fornece exemplos de rimas compostas muito ousadas, tais como:[63]

(62) Cf. exemplos citados do "Relvas, ranúnculos...", (*Lándichi, liútiki...*) de Balmont; cf. também Sologub, *Lila, lila, lila, katchala...* (Vertia, vertia, vertia, balançava e muitos outros citados por G. Donchin, *op. cit.*
(63) A citação é tirada de V. Jirmúnski, *Rifma, ieió istória i teória* (A rima, sua história e teoria — São Petersburgo, 1923).

nie zovi tak: napitak (não dê este nome: bebida)
biezzabótnim: bliesniót nam (despreocupado: brilhará para nós)
kládbichche: klad ichchi (cemitério: procure o tesouro)

Cultivou também a "rima profunda", dando particular atenção aos fonemas de apoio (*opórnie zvúki*). Não foi por acaso que Briussov escreveu dois estudos importantes sobre a estrutura da rima russa: *O rífmie* (Sobre a rima) e particularmente *Levizná Púchkina v rífmakh* (O esquerdismo das rimas de Púchkin) [64], em que discute a "rima profunda", isto é, o "lado esquerdo" da vogal tônica. Encontramos freqüentemente na poesia simbolista a "rima em eco", que é uma variante da rima "profunda":

priekrásni (magnífico)   *stolitza (capital)*
krásni (vermelho)   *litza (rostos)*
(Blok)   (Briussov)

Ou ainda em Balmont:

lutchéi (dos raios)
rutchéi (riacho)

com apenas uma diferença entre o /l/ e o /r/. Os simbolistas também fizeram experiências com rimas prolongadas. Briussov apresenta exemplos de acentuação na quinta vogal, embora usualmente a mais longa rima em russo seja datílica:

Kholod dúchu taino skovivaiuchii
Kholod dúchu otcharóvivaiuchii. (...)
O frio que a alma agrilhoa, tácita.
O frio que a alma enfeitiça, glácida. (...)

A questão da rima demonstra mais uma vez quão profundamente os simbolistas compreenderam que a rima é apenas um caso particular de paralelismo.[65] Essa descoberta foi a expressão mais alta de sua concepção da sonoridade como o valor mais importante da linguagem poética.

---

(64) V. Briussov, *Izbranie sotchiniênia* (Obras escolhidas, Moscou, 1955).

(65) Vide R. Jakobson, "Linguistics and Poetics" in *Style and Language*.

O FUTURISMO COMO ESCOLA POÉTICA

Fundamentos teóricos

O testemunho escrito do período final dos simbolistas como escola poética é a célebre polêmica entre os dois subgrupos antagonistas dentro do Simbolismo: o de Ivanov-Biéli ("os místicos") e o encabeçado por Briussov ("arte pura"). A discussão inteira foi publicada em *Apolon* no ano de 1910.

A crise foi causada, todavia, não só por controvérsias internas mas também, como acontece habitualmente, pela pressão de novos rumos na arte, principalmente pela revolução na pintura. O Cubismo, ao propor o conceito de "forma" como problema artístico básico, teve um grande impacto no conjunto da arte contemporânea. Enquanto isso, o Simbolismo engajou-se cada vez mais na filosofia mística e aos poucos foi perdendo popularidade entre os poetas jovens. A. Akhmátova, ao mesmo tempo heroína e testemunha desses processos, escreveu o seguinte:

> Em 1910, manifestou-se a crise do Simbolismo, e os poetas principiantes não aderiam mais a esse movimento. Uns se encaminhavam para o Futurismo, outros para o Acmeísmo."[1]

Dois anos depois, o Acmeísmo e o Futurismo já existiam como dois novos grupos poéticos mutuamente hostis.

Os futuristas, como os acmeístas, organizaram-se sobre o princípio básico de um programa anti-simbolista. Mas o seu programa, ao contrário do dos acmeístas, era puramente antagônico e sem compromissos. Não tentaram restabelecer nenhum equilíbrio, mas simplesmente varrer para longe a obra de seus predecessores; não alimentaram qualquer espécie de relação com os simbolistas nem cultivaram qualquer gratidão para com os seus antepassados: na verdade, consideraram os simbolistas como um estorvo. Além disso, seu protesto ia além do Simbolismo em si, atingindo toda a tradição literária do século XIX. Dentro dessa concepção, o Simbolismo tornou-se apenas o ponto focal de todas as velhas tradições antiquadas.

Contudo, no caso do Futurismo, como no caso do Formalismo, nem tudo nesse protesto deveria ser tomado ao pé da letra. Também nesse caso, a destruição foi muitas vezes o anverso de uma sucessão assumida. O ponto principal da estética futurista foi *a teoria da palavra em seu aspecto sonoro, como o único material e tema da poesia.* A base desta teoria foi o conceito cubista de artes visuais. Mas foi o Simbolismo que apontou em primeiro lugar a função fundamental do som na poesia, atribuindo-lhe uma função semântica e epistemológica. Tanto os simbolistas como os futuristas atribuíram ao som uma função especial, não apenas a de indicar uma imagem. No primeiro caso, en-

---

(1) A. Akhmátova, *Kórotko o siebié* (Sobre mim mesma, sucintamente), *Stikhotvoriênia* (Poemas — Moscou, 1961).

contramos uma preponderância do som às expensas da imagem, com a justificativa de que a poesia devia-se igualar à música. No último caso, o elemento sonoro é igualado aos elementos pictóricos, figuras e linhas geométricas, tornando-se assim um fenômeno independente, a ser experimentado e fruído como a única poesia, pura e verdadeira. Assim, os futuristas lutaram pela "palavra pura", sem relação com qualquer função referencial ou simbólica, no que diz respeito ao objeto. "A palavra em liberdade" deveria operar com sua própria estrutura e as associações entre sons deveriam evocar "objetos novos", muitas vezes denominados "fono-imagens" (*zvukoóbrazi*). O próprio objeto podia ser apenas a motivação para um "procedimento" (*priom*); mas a poesia verdadeira não tem qualquer motivação, é a poesia do "procedimento desnudo" (*obnajóni priom*).

Os traços distintivos do conceito futurista de poesia foram obviamente transplantados da "arte sem objeto" dos cubistas. Os futuristas aspiravam por categorias linguísticas que expressassem, na poesia, exatamente os mesmos elementos que tinham sido expressos na pintura cubista pelas categorias da forma geométrica, espaço e cor. David Burliuk exprimiu o seguinte, a esse respeito, em um de seus poemas:

> *O espaço — das vogais,*
> *O tempo — das vogais!*
> *(Incolor total e de súbito)*
> *O som consoante, incêndio varão*
> *Sínciput da colorida gravidez!*
> ....
> *Som consoante, som seminal*
> *Condutor dos sentidos, clarão diurno*...[2]

No esquema de uma palestra realizada em 1913, sob o título muito característico de "Elementos figurativos da fonética russa", ele deu uma explicação racional dos termos que poderiam ser tomados por uma metáfora no poema:

... b) *consoantes — portadoras da cor, das noções de fatura,*
 c) *vogais — tempo, espaço, a noção de superfície.*[3]

(2) *Strielétz* (O arqueiro, 1915), citado de V. Khárdjiev, *Maiakóvski i jívopis* (Maiakóvski e a pintura), in *Maiakóvski* (Moscou, 1940).
(3) Citado de V. Khárdjiev, *ibid*.

VELIMIR KHLIÉBNIKOV EM SEU LEITO DE MORTE, POR P. V. MITÚRITCH, 1922. ABAIXO DO DESENHO: "ÚLTIMA PALAVRA: 'SIM'".

É muito interessante que Biéli tenha feito exatamente a mesma espécie de analogia, comparando as consoantes a instrumentos musicais e as vogais às vozes humanas em uma orquestra.[4] Observa-se assim um exemplo perfeitamente claro de como o Simbolismo tinha-se orientado para a música, enquanto o Futurismo tinha-se orientado para a pintura e as artes visuais.

Também S. Bobróv, em um nível diferente, estabeleceu uma comparação entre a geometria e a lírica: as linhas verticais e horizontais na pintura moderna seriam equivalentes ao "movimento lírico" (*lirítcheskoie dvijênie*) da poesia.[5] Deste modo, a arte verbal, assim como a arte visual, cessou de imitar a natureza pela descrição de seus objetos. O mundo poético tornou-se válido *per se* e "a inteligência do artista" substituiu a sua "observação", para citar uma expressão de Cézanne.[6]

No famoso manifesto *Slovo kak takovóie* (A palavra enquanto tal), de 1913, Krutchônikh e Khliébnikov desenvolveram outro ponto importante da estética cubista: a teoria da relatividade a respeito da palavra, que é completamente análoga ao conceito de objeto na pintura cubista. Atribui-se a Georges Braque a frase seguinte: "Não acredito em coisas. Acredito apenas nas relações mútuas entre as coisas." Essa afirmação ilumina diretamente a teoria cubista da "imagem deslocada" e conseqüentemente a teoria da "forma difícil" e da "percepção difícil". A "imagem deslocada" envolve um tipo de visão no qual um objeto é apresentado simultaneamente de diferentes pontos de vista, ao mesmo tempo analítica e sinteticamente. Conhecemos essa técnica em telas de Picasso, tais como "Moça diante do espelho" e "Homem com uma guitarra" e das naturezas mortas de Braque e Juan Gris. Foi em relação a esses quadros que alguém inventou o nome "Cubismo", talvez Matisse no Salão de Paris em 1908.[7]

Os autores do manifesto *A palavra enquanto tal* tentaram correlacionar o método "analítico" na pintura com o mesmo método na arte verbal:

(4) A. Biéli, *Simvolism*.
(5) S. Bobróv, *Vietrográd nad lózami* (Ventogranizo sobre as vinhas).
(6) Vide, W. Sypher, *From Rococo to Cubism*, 1961.
(7) Cf. A. Schmeller, *Cubism* (New York).

"Os pintores futuristas gostam de utilizar fragmentos de corpos, cortes, enquanto que os inventa-línguas futuristas amam as palavras retalhadas e bizarras (língua transmental), atingindo com isto a máxima expressividade. [...]8

A estreita conexão entre pintura e poesia foi salientada pelo fato de que todas as coletâneas de poesia futurista apareceram com uma abundância de ilustrações e foram intituladas com freqüência de coletâneas de "versos e desenhos".9 O desenho não pretendia ser simplesmente um elemento explanatório ou ornamental; era uma parte integral da obra poética, juntamente com a palavra, por causa da orientação *gráfica* futurista. O signo gráfico era na verdade um aspecto da palavra registrada. Aqui reside a explicação de tanta preocupação e tantas discussões a respeito da pontuação. Publicando suas edições em papel de parede ou em forma litográfica, os futuristas tentaram também acentuar o lado técnico-formal da poesia: isso era parte da "forma difícil", cuja finalidade era forçar a atenção do observador. Em geral, tudo que dizia respeito ao *processo de escrever* ou qualquer aspecto de sua forma estava agora integrado no plano "temático" da poesia. Discutiremos esse ponto posteriormente com maiores detalhes.

Não foi por acaso que, profissionalmente ou de qualquer outra maneira, a maior parte dos futuristas esteve ligada à pintura, considerando-se a conexão entre as artes verbais e visuais. Muitos críticos já observaram o fato de D. Burliuk ter estudado em Paris, e Maiakóvski nos estúdios dos renomados artistas moscovitas, Jukóvski e Kélin, e posteriormente na Escola de Pintura, Escultura e Arquitetura. Krutchônikh era professor de desenho; Khliébnikov e N. Burliuk eram desenhistas amadores. Esses fatos se refletiram no próprio nome completo do grupo: "Cubo-futuristas" (*Cubo--futurísti*).

Em conseqüência dessa orientação para a palavra, os futuristas criticaram a literatura "temática", tal como os cubistas foram adversários da cópia de objetos na pintura. A atenção do leitor deveria se concentrar na mensagem poética em si e não nos fatos ou obje-

(8) *Slovo kak takovóie* (A palavra enquanto tal, 1913).
(9) Cf., por exemplo, *Triébnik troikh. Sbórnik stikhotvoriêni i rissunkov* (O missal dos três — Coletânea de poemas e desenhos, Moscou, 1913).

tos que se ocultavam atrás e que eram apenas assinalados pelos signos verbais. A literatura didática ou propagandística, orientada ideologicamente, era, para os futuristas russos, a expressão mais forte de uma mensagem plena de conteúdo. Krutchônikh, em seu panfleto satírico *Tchort i rietchetvórtzi* (O diabo e os criadores da língua) passa em revista a literatura russa, de Púchkin a Tolstói e Górki, chegando à conclusão de que o principal objetivo desses autores não era a verdadeira literatura, mas o "exorcismo do demônio":

"...antes de nós, a literatura russa era espírita e caquética. Ela girava na roda do diabo [...] não uma literatura, mas uma sociedade de salvação!"[10]

Somente os futuristas "expulsaram o demônio" da literatura, isto é, cessaram de escrever obras ideológicas.

O panfleto de Krutchônikh se relacionava também com o problema crucial dos valores. É significativo que sua polêmica não se refira aos simbolistas e sim aos predecessores do século XIX e seus seguidores do fim de século (Tolstói, Górki). A literatura do século XIX, principalmente a sua versão positivista, igualava os valores morais e estéticos. Conseqüentemente, ocupava-se primariamente de problemas didáticos. Na avaliação crítica de Krutchônikh essa literatura era "...não uma literatura, mas uma sociedade de salvação." Os simbolistas simplesmente inverteram a questão: descobriram a nova verdade, de que a não-moral, ou o próprio mal, também podem ter valor estético. Esse ponto se evidencia particularmente nos temas simbolistas do poder satânico e da maldade (Sologub, Briussov), do mórbido e do horrível (Briussov em *Urbi et orbi*), do "amor maléfico" (Balmont e particularmente Blok). Os futuristas deram um passo mais a frente: para eles, a moral e a não-moral se tornam completamente irrelevantes na arte e o "horrendo" só adquire valor "estético" quando é bastante surpreendente para ser observado. Esse traço da estética futurista é chamado de "antiesteticismo", o que se aceita quando se entende por "estético" uma noção tradicional de "beleza".

(10) A. Krutchônikh, *Tchort i rietchetvórtzi* (O diabo e os criadores da língua — São Petersburgo).

Entre as novas soluções da estética futurista, uma das mais interessantes foi o conceito de personalidade criativa. *Slovo kak takovóie* (A palavra enquanto tal) estabelece o seguinte, entre os seus veredictos:

"...antes de nós, os inventa-línguas especializavam-se demasiadamente em "alma" humana [...] mal sabiam eles que a alma é criação dos bardos, e visto que nós, bardos futuristas, pensávamos mais na palavra que na "Psique" dessorada pelos predecessores, ela teve morte solitária, e agora nos toca inventar outra qualquer, nova... queremos isso?
...! Não!...
Melhor viver na palavra como tal que *abismado em si mesmo*."[11]

O que se indica aqui não é apenas a "alma" do objeto que se descreve, mas também o sujeito que faz a descrição, que "vive por si mesmo" no discurso poético. Em outras palavras, aqui se propõe o problema do *"Ich-Dichtung"* ("Ego-Lirismo"). Muito caracteristicamente, e ao contrário do que acontecia em todas as poéticas precedentes, o *Ich-Dichtung* é quase inexistente na obra dos futuristas, com a exceção notável de Maiakóvski. Do ponto de vista teórico, é claro que não há lugar para isso numa poesia "sem objeto". É possível dizer-se que a poesia futurista está baseada na metonímia, enquanto que a maioria dos poetas que precederam o Futurismo, particularmente os simbolistas, se baseavam na metáfora.[12]

As noções de metáfora e metonímia requerem explicação mais detalhada. De acordo com a lingüística de nossos tempos, essas noções podem ser aplicadas em todos os níveis da atividade da linguagem. Quando, na linguagem, surge o fenômeno da *similaridade*, podemos falar de metáfora, enquanto que o conceito de metonímia se liga ao fenômeno da *contigüidade*.[13]

Podemos também aplicar essas categorias no caso da relação mensagem/emitente. A poesia metafórica poderia ser compreendida como uma espécie de poesia na qual a mensagem está intimamente ligada ao emi-

(11) *Slovo kak takovóie* (grifos meus).
(12) Cf. R. Jakobson, "Randbemerkungen zur Prosa des Dichters Pasternak", *Slavische Rundschau*, 7 (1935).
(13) Cf. R. Jakobson, "Two Aspects of Language and Two Types of Aphasic Disturbances", in R. Jakobson, M. Halle, *Fundamentals of Language* ('s-Gravenhage, 1956).

tente. É a poesia da revelação do "ego-lírico", do *Ich--Dichtung*". O Romantismo criou e canonizou o tipo de poesia em que o autor se disfarça em sua própria mensagem. O emitente se torna uma espécie de filtro em que todas as coisas se fundem através de sua própria personalidade. Os simbolistas levaram até o extremo esse princípio: não deixaram lugar para nada que não fosse uma parte do poeta. Todos os elementos externos se tornam apenas um *comparatum* de sua personalidade. Com muita freqüência uma paisagem serve como interpretação do estado espiritual do emitente. Os exemplos mais notáveis e freqüentes disso podem ser encontrados no "lirismo de paisagem" de Blok (*peisájnaia lírica*). Balmont, mesmo quando fala sobre a linguagem, pretende identificá-la consigo mesmo: "Sou o rebuscado da lenta fala russa...". Existem, é claro, exemplos de poemas líricos puramente meditativos em que os elementos do mundo exterior sequer aparecem, nos quais o "ego-lírico" é ao mesmo tempo sujeito e objeto da descrição (cf. particularmente Venevitinov).

Os acmeístas se insurgiram contra a predominância do espiritual sobre o concreto. Mas, sua ação não atingiu o princípio criativo básico da poesia simbolista: o princípio metafórico de "transformação". O "ego-lírico" permaneceu intato no eixo da poesia acmeísta. Conseguiram apenas uma emancipação parcial do mundo externo em relação à absorção totalitária do emitente. O "ego-lírico" estava agora cercado dos "detalhes verdadeiros da vida". Isso fez com que a poesia dos acmeístas se voltasse para o biografismo, mas já sem os disfarces românticos anteriores. Akhmátova escreve um "diário de amor", Gumilióv um "diário de viagem", G. Ivanov evoca freqüentemente cenas comuns da vida cotidiana (*bítovi stzêni*).

A poesia futurista se orientou primariamente na direção da metonímia. A mensagem se destaca do emitente, que desaparece da poesia. A mensagem trabalha independentemente, como "o único herói". Com exceção de Maiakóvski, que simplesmente intensificou o metaforismo, todos os outros futuristas, cada um a seu modo, realizam o programa da poesia metonímica.

Os poetas "transracionais" (*zaúmniki*) concentraram-se exclusivamente na experimentação lingüística, com a palavra e o som como as únicas "personagens" da poesia.

A atividade poética de Khliébnikov pertence a um tipo semelhante de experimentação lingüística; por outro lado, uma grande parte de sua criatividade se constitui de "fragmentos de poemas épicos"[14], em que desaparece o emitente, ocorrendo a descrição independente na terceira pessoa.

A poesia de Pasternak é um caso muito interessante de transição do Simbolismo para o Futurismo. Embora tenha retido basicamente o *Ich-Dichtung*, tornou-se contudo conhecido como poeta da metonímia. De acordo com R. Jakobson, em Pasternak é freqüente que "a ação apareça em lugar de um ator"[15]: ao invés da imagem do amante rejeitado e desesperado, apresentam-se indícios de suas divagações pela cidade, ou do "instinto" que "se apropria" dele (*Marburg*); ao invés do herói excitado e confuso, aparece um trem correndo com seus vagões rangentes.

Retornaremos ao problema da metonímia quando discutirmos a prática poética do Futurismo.

A inovação mais radical diz respeito à atitude do poeta em relação à autoria. Os futuristas proclamaram o princípio coletivo, nesse particular. O manifesto *Pochchóichina obchchéstvienomu vkússu* (Uma bofetada no gosto público), contém o seguinte ponto fundamental: *Stoiát na glíbie slova "mi"* (Permanecer sobre o rochedo da palavra "nós" — os grifos são meus). O princípio do "nós" se reflete na co-autoria de muitos textos futuristas: Khliébnikov, por exemplo, escreveu um poema de parceria com Krutchônikh. Eis o comentário deste último, acentuando a "negligência" na co-ordenação das duas penas:

"Um jogo no inferno se escreveu assim: eu já tinha prontas quarenta a cinqüenta linhas, Khliébnikov interessou-se por elas e se pôs a acrescentar-lhes, *principalmente no meio,* novas estrofes. Depois, examinamos tudo juntos e fizemos algumas correções finais."[16]

(14) Vide I. Tinianov, "O Khliébnikovie" (Sobre Khliébnikov), *Sobránie proizviediêni Vielimira Khliébnikova.* (Obras reunidas de V. Khliébnikov), I (Leningrado, 1923).

(15) R. Jakobson, *op. cit.*, nota 12.

(16) A. Krutchônikh, *15 liet rúskovo futurisma* (15 anos de futurismo russo — Moscou, 1928), p. 24 (grifos meus).

A poesia futurista apareceu freqüentemente em edições coletivas, sem contar os panfletos e manifestos escritos coletivamente e as recitações públicas coletivas. O resultado disso foi o princípio de anonimato e o descaso pela própria biografia dos poetas. O prefácio para a coletânea *Sadók súdiei* (Uma armadilha para os juízes) proclama o seguinte: "Nós desprezamos a glória; conhecemos sentimentos inexistentes antes de nós."[17] Tal atitude da parte do grupo levou Maiakóvski a desviar-se temporariamente do marcado individualismo de seus primeiros poemas para integrar-se no conceito de anonimato e coletivismo em "150 000 000":

> *O nome deste poema é 150 000 000 de mestres-de-ofício:*
> ....
> *Quem interrogará a lua?*
> *Quem obrigará o sol a esclarecer*
> *por que*
> *conserta as noites e os dias?*
> *Quem declinará o nome do genial autor da terra?*
> *Assim*
> *também*
> *deste meu*
> *poema*
> *o autor é: ninguém...*

De acordo com a declaração neste poema, o autor tirou seu nome da folha de rosto da primeira edição.[18] O poema foi oferecido a Lênin em nome do grupo futurista. No último período do Futurismo, N. Assiéiev, durante uma das reuniões de *Lef*, exigiu:

> "É indispensável a destruição completa da biografia individual, até a recusa de assinar as próprias obras."[19]

Os últimos propósitos poéticos de Maiakóvski têm o mesmo tom:

> *Cuspo*
> *sobre o bronze pesadíssimo,*
> *cuspo*
> *sobre o mármore viscoso.*
> *Partilhemos a glória, —*
> *entre nós todos*
> (" A plenos pulmões")

(17) *Sadók súdiei* (1914).
(18) *Guiz* (Editora Estatal, Moscou, 1921).
(19) A citação é tirada de A. Métchenko, *Tvórtchestvo Maiakóvskovo* (A obra de Maiakóvski — Moscou, 1954), p. 400.

BORIS PASTERNAK

Já que a "fama" (*slava*) era considerada pelos futuristas como um sentimento ultrapassado (*otjívcheie tchuvstvo*) e a autoria era dada como anônima ou coletiva, a própria obra criativa era tratada descuidadamente, como "fragmentos" ou esboços preparatórios da grande poesia do futuro. Krutchônikh observou isso várias vezes em seus artigos e panfletos, e na última rubrica do manifesto *Slovo kak takovóie* (A palavra como tal) diz-se o seguinte: "...os inventa-línguas deveriam escrever em seus livros: rasga depois de ler!" Durante a sua ligação com o Futurismo, Pasternak também fez uma declaração característica: "Nós vemos na arte um peculiar *extemporale*".[20] No prefácio de uma coletânea de textos seus, Maiakóvski diz: "Deixando às escolas o que foi escrito, afasto-me do que já sé fez, e só publicarei novo livro depois de ultrapassar a mim mesmo".[21] Khliébnikov, que se tornou uma figura lendária por causa do seu modo verdadeiramente futurista de viver e que se chamava a si mesmo de "cidadão do mundo", rejeitou a fama e era totalmente descuidado com os seus manuscritos: atravessou a Rússia carregando uma fronha estufada, cheia de pedaços de papel cobertos com uma mistura de versos e fórmulas matemáticas; surgia nos escritórios das editoras para entregar seus manuscritos com uma observação tímida: "Se tiver alguma coisa errada, corrijam!" (*Iésli chto nie tak — poprávtie*).[22] O mesmo descuido e a mesma convicção de que a poesia de seu tempo era apenas um *extemporale* para futuras realizações fez com que Khliébnikov deixasse muitas obras suas inacabadas e as publicasse como fragmentos, muitas vez sem títulos, que eram habitualmente inventados pelos seus amigos ou editores.

Esclarece-se nesse contexto o tema da destruição da própria biografia, muito popular e estilizado entre os futuristas. Parece ter-se originado da "antibiografia" de Maiakóvski, em que o poeta rejeita todos os elementos pessoais e introspectivos, considerando como importantes apenas aquelas coisas "que se defenderam pela

---

(20) Boris Pasternak, *Tchórni bocal* (A taça negra), *Tzentrifuga*, nº 1 (1916).

(21) *Vsió sotchiniónoie Vladímirom Maiakóvskim* (Tudo o que foi escrito por Vladímir Maiakóvski, 1919).

(22) Testemunho de K. Zelinski.

palavra" (*to, chto otstoiálos slóvom*).²³ Somos tentados a ver nisso outro exemplo da polêmica com os simbolistas, cujas biografias auto-analíticas são bem características das tendências dessa escola, algumas delas podendo ser consideradas quase como *vie romancée*, como p. ex. a de Briussov e particularmente os grossos volumes da biografia de Biéli, que são completados por *Kótik Lietáiev*.³⁴ Ao contrário dos seus antecessores, os futuristas chegaram mesmo a "esquecer" a sua data de nascimento:

"Nasci em 7 de julho de 1894 (ou 1893 — Há divergência entre a opinião de mamãe e a da folha de serviço de meu pai. Em todo caso, não foi mais cedo)."²⁵

Esta declaração de Maiakóvski é quase que literalmente imitada pelo futurista "mais jovem", S. Kirsanov:

"Mamãe me produziu à luz em 5 de setembro (calendário antigo) de 1906 ou 1907. Desconhece-se o ano exato, pois as datas eram estabelecidas de acordo com os prazos do serviço militar."²⁶

Tendo discutido alguns dos importantes problemas relacionados com o *emitente* dentro do conceito futurista de poesia, voltemo-nos agora para a própria *mensagem*, à qual os autores de *Pochchótchina obchchéstivienomu vkússu* dedicam uma parte considerável de seu manifesto. As exigências feitas pela poesia tradicional de que a linguagem fosse "macia" e "pura" seriam mais apropriadas em relação a uma mulher, mofavam os autores desse manifesto. Os futuristas propunham então características completamente opostas para a poesia:

1) ver e escrever num abrir e fechar de olhos! (canto lance, dança, o esmigalhar de construções desconjuntadas, esquecer, desaprender...)

2) ver duro, escrever abrupto, mais incômodo que botas de graxa ou um caminhão na sala de visitas (trouxas, tarecos, trastes, nós, farrapos, superfície de rebarbas ásperas...)"²⁷

(23) *Ia sam* (Eu mesmo), *Pólnoie sobránie sotchiniêni* (Obras completas), I, p. 9.
(24) Cf. A. Biéli, *Natchalo vieka* (O começo do século — Moscou — Leningrado, 1933), *Miéjdu direkh rievoluítzi* (Entre duas revoluções — Leningrado, 1934).
(25) V. Maiakóvski, *op. cit.*, p. 9.
(26) In A. Krutchônikh, *op. cit.*, p. 42.
(27) *Slovo kak takovóie* (A palavra como tal).

Deparamos aqui com a típica ênfase futurista na "fealdade" e na "forma difícil", o princípio do movimento e da velocidade ao invés da "beleza" e da "maciez" da forma poética. Toda a terminologia é retirada da estética da pintura cubista (a superfície áspera, a visão "em um piscar de olhos").

Traduzindo em termos de linguagem, isso significa, antes de mais nada, uma orientação para a instrumentação consonantal, em contraste com os princípios eufônicos dos simbolistas, cuja inclinação para as vogais é bem conhecida. Krutchônikh dedicou um panfleto especial ao problema das combinações de som "tradicionais" e "modernas".[28] Os futuristas concedem primazia à "estrutura difícil": "Nós demos amostra de uma outra combinação de sons e de palavras:

> *Dyr, bul, chchil*
> *ubiechchur*
> *skum*
> *vi so bu*
> *r l ez.* ...

Essa estrofe é seguida pelo comentário:

"...aliás, nesta quintilha, há mais de nacional e russo que em toda a poesia de Púchkin".[29]

Maiakóvski divulgou o mesmo padrão fonêmico em um dos seus poemas:

> *Empilhem som com som*
> *e avante, céleres,*
> *o silvo e o canto.*
>
> *De letras úteis existe outro tanto:*
> *Cha,*
> *Chcha,*
> *Erre...*

E no mesmo poema indicou o motivo da utilização desses sons:

> ... *para que haja um retumbo*
> *e um ribombo.*
> ("Ordem ao Exército das Artes")

28) A. Krutchônikh, *Sdvigológuia rúskovo stikhá* (Deslocamentologia do verso russo — Moscou, 1923).
(29) *Slovó kak takovóie.*

Ao nível do vocabulário, o programa futurista abriu as portas para todas as espécies de gíria e coloquialismos e para os neologismos baseados em modelos de gíria — tendo sido particularmente forte em Maiakóvski essa última tendência. Os aumentativos parecem ter sido os neologismos favoritos, sendo esse fenômeno também muito freqüente na poesia de Maiakóvski.

O princípio da velocidade e da compressão ("para que se escreva e se veja num abrir e fechar de olhos") conduziu à máxima condensação das sentenças e à dinamização de toda a mensagem poética. Isso é característico dos "poetas transracionais" e de Khliébnikov. Os textos de Maiakóvski foram todos construídos elipticamente, o que levou algumas vezes a desorientar os leitores contemporâneos. Por exemplo, a expressão do famoso poema "Um acontecimento inusitado...": *A iá iemu — samovar...*" ("E eu lhe mostrei o samovar") não foi compreendida por Katchalov, que a interpretou assim: *A iá iemu — ná samovar* ("E eu lhe disse: pegue o samovar."). A função do gesto é muito importante aqui, porque demonstra mais uma vez que a poesia de Maiakóvski destinava-se exclusivamente à recitação no palco.

A espécie de elipse que tem função dinamizadora está ligada à *predicação* como parte principal da elocução. A função importante desempenhada pela predicação na poesia futurista foi observada por Pechkóvski.[30] Mas o processo de reforçamento da parte predicativa já tinha começado com os acmeístas[31], o que é um fato muito eloqüente se nos lembrarmos da tendência contrária entre os simbolistas. Ao contrário dos simbolistas, que tão cautelosamente se utilizavam das formas verbais, Maiakóvski constrói os seus poemas utilizando o verbo na forma imperativa, explícita e implicitamente:

> Troe *na praça o tumulto* (...)
> ("Nach march", Nossa marcha)
> Formem *coluna, a plena marcha!*
> ....
> *Oradores,* calem-se!
> *Agora, com a palavra, o camarada Mauser!*
> ....

(30) A. Pechkóvski, *Rúski sintáksis v naútchnom osviechchênii* (A sintaxe russa à luz da ciência).
(31) Cf. B. Eickenbaum, *Ana Akhmátova.*

Ei, *blusas-azuis!*
Drapejai!

("Marcha de esquerda")

Deve-se notar que a forma vocativa, como contraparte nominal do imperativo, exerce uma função destacada nos poemas citados acima.

Tanto os simbolistas como os futuristas propuseram-se o mesmo programa de *renovação da linguagem poética*. A isto os futuristas, do mesmo modo que o grupo da *Opoiaz*, denominaram "desautomatização da linguagem" (*víviedienie iaziká iz avtomatisma*), um conceito que, como sabemos, retrocede de modo geral às teorias de Potiebniá. Ambos os programas pressupunham a *formação de neologismos* como um dos meios de renovação da linguagem. Mas, os simbolistas se restringiram a formações neológicas em escala moderada, ampliando principalmente a classe dos substantivos abstratos com os sufixos *-ost'*, *-stvo*. Fora disso, operaram largamente com barbarismos, particularmente V. Ivanov e Briussov, pois pretendiam dar um sabor especial à linguagem. Mas a parte essencial do seu programa era, naturalmente, *a criação de novos símbolos*, isto é, a colocação de palavras já existentes em contextos onde pudessem assumir novas possibilidades semânticas.

A prática futurista foi precisamente o inverso. Também se utilizaram de "barbarismos", principalmente dialeticismos e provincianismos (Maiakóvski, Khliébnikov). Mas a parte mais vital foi o neologismo, que lançou os fundamentos da "linguagem transracional" (*zaúmni iazik*). Os diferentes tipos de neologismos nos dão uma base para a classificação da poesia futurista, e retornaremos aos mesmos posteriormente.

Seria um equívoco afirmar — como alguns críticos o fizeram freqüentemente — que o conceito futurista de linguagem estava confinado a uma pura experiência poética e que não incluía qualquer programa social. Pelo contrário, desde o começo eles frisaram o valor democrático, e até mesmo universal, da *zaúm*. Essa questão apresenta outro ponto de divergência entre os futuristas e os simbolistas. Enquanto estes últimos, agentes da poesia "celebrada", criaram uma linguagem

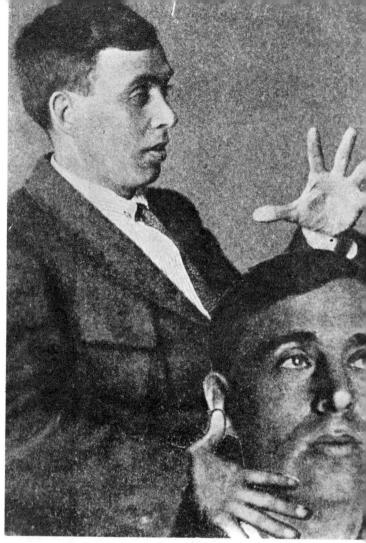

A. KRUTCHÔNIKH LENDO SEUS VERSOS. (FOTOMONTAGEM DE GUSTAV KLUCIS.)

para audiências seletas, os primeiros lançaram o conceito da "linguagem das ruas". A "Bofetada no gosto público", em seu tom caracteristicamente agressivo, já proclamava: "Unicamente nós somos a face de nosso tempo". Um motivo recorrente nos textos de Maiakóvski é o problema do lado utilitário da poesia e do lugar do poeta na sociedade. "Também sou fábrica", lemos no poema *Poét rabótchi* (Poeta operário), e posteriormente esse motivo é desenvolvido em *Razgovor s firinspiéctorom o poésii* (Conversa sobre a poesia com o fiscal de rendas), cujo tópico é "sobre o lugar do poeta nas fileiras operárias". Maiakóvski ampliou gradativamente a função da poesia. Nos primeiros anos, logo após a revolução, os poetas eram então considerados "os tamboreiros da revolução": "Para a rua, futuristas, tamboreiros e poetas" — exclama Maiakóvski em *Prikaz po ármii iskustva* (Ordem ao Exército das Artes). Anos depois, no período final da revista *Lef*, segundo as memórias de Lébiediev, o poeta dizia em conversa: "Quem precisa de que a literatura ocupe seu cantinho especial? Ela estará no jornal todos os dias, ou então será de todo desnecessária, mandem para o diabo a literatura que é servida em forma de sobremesa!"[32]

Em relação direta com esta citação, encontramos o poema *Domói* (Para casa):

> *Não quero,*
> *como uma flor de campina,*
> *ser colhido*
> *após os labores do dia...*

O mais extenso programa social para a linguagem e para a "poesia transracional" foi estabelecido por B. Kuchnier:

> "A língua transracional é *antes de tudo* a língua da ação pública, cujo ritmo e freqüência superam muito, em velocidade e dinamismo, a lentidão do discurso humano usual... A língua transracional é o único meio de desenvolver as possibilidades do palco e abrir para o teatro novos caminhos de desenvolvimento."[33]

(32) A citação é tirada de: Roman Jakobson, *O pokolênii rastrátivchem svóikh poetov* (Sobre a geração que esbanjou os seus poetas), *Smiert Vladímira Maiakóvskovo* (A morte de Vladímir Maiakóvski — Berlim, 1930).
(33) In A. Krutchônikh, *Fonética tieatra* (A Fonética do teatro — Moscou, 1925), p. 5 (grifos meus).

Observemos o fato de que quase todos os rumos da vanguarda no começo do século se voltaram para o teatro como a forma de expressão literária mais acessível para as massas. Na literatura polonesa, o melhor exemplo dessa tendência seria a atividade teatral do poeta esquerdista Witold Wandurski e a dos futuristas de Varsóvia. E um dos líderes do "formismo" polonês, Leon Chwistek, esteve entre os que contribuíram para a teoria do teatro moderno.[34]

Do teatro como forma efetiva de linguagem, Kuchnier segue adiante, proclamando que a linguagem *zaúm* é realmente um dos "dialetos sociais", particularmente importante para os cartazes e as diversas formas de agitação em geral. No futuro, continua o Autor, a sua utilização será entendida à linguagem cotidiana:

... na língua transracional dos futuristas, não temos diante de nós um procedimento poético formal, mas a manifestação e o desenvolvimento prévio de um dialeto de talho social.
Este dialeto irrompe cada vez mais na prática do discurso. Ele vai ao encontro de necessidades sociais plenamente determinadas e, neste sentido, tem vitória garantida.
A língua transracional triunfa e triunfará, como dialeto social."[35]

o mesmo programa foi proclamado por S. Trietiakóv em *Lef*:

'... é programa máximo do futurismo a reorganização consciente da língua, aplicada a novas formas de ser..."[36]

Pode-se argumentar que esse é o período final do futurismo, o período da *Lef* em que, como se pode ver, em muitos pontos esse movimento é marcadamente paralelo ao construtivismo. Contudo, trata-se apenas de um desenvolvimento consistente do mesmo pensamento que preocupou Maiakóvski desde o seu período inicial de "Uma nuvem de calças":

Enquanto, a referver, vão pipilando rimas
de amor e rouxinol guisados em seresta,
a rua se contrai, desprovida de língua —
sem ter com que gritar, com que puxar conversa.

(34) Vide Leon Chwistek, *Wielóbśc rzeczywistóści w sztuce i inne szkice literackie*, Cracóvia, 1961.
(35) A. Krutchônikh, *op. cit.*
(36) S. Trietiakóv *Otkuda i kudá? Perspectívi futurisma* (De onde e para onde? Perspectivas do Futurismo), *Lef I*, (1923).

Alguns críticos objetivos desse período observaram esse importante ponto no programa futurista. Vinokur, por exemplo, chegou mesmo a comparar o caso dos futuristas ao de Púchkin, que encaminhava os escritores para a *prosvírnia*[37] a fim de aprenderem a verdadeira língua russa. Os futuristas inverteram o propósito de Púchkin: *eles mesmos* quiseram *ensinar o homem da rua* a falar. Consideram isso a principal tarefa do poeta moderno na revolução social: isto era o seu "lugar nas fileiras operárias". Acreditaram de fato que seria possível simplesmente destruir os antigos valores e construir os novos. Lembremos, a propósito, a clara declaração de Maiakóvski:

> *Um guarda branco,*
> *Vocês o pegam — e logo, ao paredão.*
> *E Rafael? Não deixou rastro?*
> *Esqueceram Rastrelli?*
> *É tempo*
> *de repicar*
> *a canhão*
> *as paredes dos museus.*
> ....
> *E por que*
> *Poupar a Púchkin?*
> *Deixar em paz*
> *Os generais-clássicos?*
>   (*Rádovatsia rano*, É cedo para se alegrar)

Tudo isso explica muito bem por que os futuristas se filiaram à revolução no seu período inicial, quando todo o programa desta, especialmente o cultural, era ainda totalmente obscuro e quando muitas experiências eram tentadas e muitas tinham falhado. De qualquer modo, como já observara Vinokur, a linguagem transracional não poderia ser aceita como a linguagem "da rua", já que apenas pressupunha a *capacidade potencial de significação*. Esse fator lhe deu um grande interesse poético, mas mesmo na poesia algum compromisso tem de ser estabelecido, como veremos posteriormente.

Consideremos o ponto que faz os futuristas russos se distinguirem dos seus predecessores: a sua noção de *poesia como uma profissão e uma ciência experimental*.

(37) Mulher que cozinhava o pão da comunhão numa padaria especial da igreja.

Os simbolistas já tinham criado o tipo do poeta-crítico e o gênero da poesia culta. Os futuristas, como de costume, adotaram uma posição radical: tentaram estabelecer um completo acordo entre os dois atos diferentes de criação e análise. Esse problema já tinha ocupado o espírito de Platão, que acreditava numa divisão absoluta dos dois atos: em um dos seus diálogos conta a história de um certo poeta bem dotado que não conseguia dar qualquer interpretação coerente de seus próprios poemas. A idéia de Platão tornou-se parte da teoria romântica da inspiração, segundo a qual não é possível aos poetas racionalizarem a sua própria criação. A mesma noção se encontra particularmente no conceito romântico de improvisação. É lendário o caso de Mickiewicz que, ao ser indagado vezes sem conta sobre o significado de sua Grande Improvisação[38], não conseguia racionalizar ou dava explicações contraditórias de seus símbolos. Os simbolistas permaneceram no mesmo estágio. Quando perguntavam a Blok sobre o significado do Cristo no poema *Dvienádtzat* (Os doze), que no conjunto era considerado como uma peça anti-religiosa, ele era apenas capaz, segundo afirmação de um crítico, de reafirmar essa imagem relembrando a sua visão poética: "Presto atenção e vejo — realmente é Cristo".[39]

Em contraste com os simbolistas, os futuristas sustentaram o conceito da *poesia como ofício*. A inspiração e todos os conhecimentos secretos foram varridos da poesia como misticismo ridículo. A arte equivale a um ofício especializado e portanto pode ser intensificada, isto é, pode-se torná-la um "procedimento difícil". Em contraposição à teoria da inspiração e aos conceitos de gênio e criação inconsciente, os futuristas acreditaram em um *ofício intensificado*. Deve-se saber "como fazê-lo" antes de escrever um poema, ao invés de esperar pela inspiração. As normas do ofício poético foram apresentadas em algumas amostras de poesia, rapidamente compostas só para exemplificar uma determinada "tarefa poética" (*poetítcheskaia zadatcha*). Sobre esta base Maiakóvski, escreveu o seu artigo bem

---

(38) Trata-se do grande monólogo profético do principal protagonista do drama *Diziady*.

(39) Cf. K. Tchukóvski, *Aleksandr Blok kak tcheloviék i poét; vviediênie v poésiu Bloka* (Aleksandr Blok como homem e poeta; introdução à poesia de Blok — Petrogrado, 1924).

conhecido que é caracteristicamente intitulado *"Kak diélat stikhi"* ("Como fazer versos").⁴⁰ Nesse artigo, o autor fala de sua experiência profissional em geral, mas acima de tudo dá instruções sobre como "produzir" um determinado tipo de poesia, segundo uma "tarefa" específica. Eis, por exemplo, a fina rima do poema "A Sierguéi Iessiênin", *vriézivaias — triezvost,* (na tradução, "entremeado às estrelas"), que é descrita em todos os detalhes do ponto de vista da elaboração poética. Mais adiante se ensina como compor uma quadra no estilo folclórico (*naródnaia tchastuchka*):

"Para que a *tchastuchka* tenha efeito, é indispensável o processo da rima inesperada, a par da total não-correspondência do primeiro dístico e do segundo. O primeiro pode ser chamado de auxiliar."

Segue-se imediatamente o resultado da lição:

Meu bem me deu borzeguins
E um jaleco de veludo.
Iudiéntich de Petersburgo
É expulso a terebintina. ⁴¹

Encontramos muitos exemplos dessa "poesia anotada" em Krutchônikh. Em seu tratado *"Factura slova"* ("A textura da palavra") observam-se vários exemplos de poemas construídos sobre o som /z/ e uma explicação disso:

"O som (z) é azado para a representação: o zás do movimento, a zoeira, a ebulição, o zunido, o zinir. (...) a sanha nervosa, o açoite que risca, insídia, insânia, azucrinar, banzo, zaranza, serpe, ziguezague."

No próprio comentário as palavras contêm o som /z/. Assim acontece, também, com as peças poéticas que o ilustram:

Sou o freio a zunir nos zigomas do trem,
*zumbido zoante da terra!...*⁴²

Deste modo, a poesia não é apenas um ofício, mas se torna uma espécie de ciência experimental. De fato,

(40) Maiakóvski, *Pólnoie sobránie* (Obras completas), XII, (Moscou, 1959). — Traduzido para o português em Boris Schnaiderman, *A Poética de Maiakóvski,* Ed. Perspectiva, São Paulo, 1971 — N. de O.
(41) *Ibid.,* p. 88.
(42) A. Krutchônikh, *Factura slova* (Moscou, 1923).

os futuristas russos se consideravam um importante elo na corrente de revolução científica do seu tempo. Esta convicção é atestada por um artigo de Jakobson em 1919, no qual se acentua a ligação entre a física, a psicologia, a pintura e a literatura contemporâneas, destacando-se a particular função da física na pintura moderna, a começar pelo Impressionismo: "... utilizando a experimentação científica, o Impressionismo decompôs a luz."[43]

A disciplina científica mais próxima pela qual se inclinaram os futuristas foi a lingüística contemporânea, que estava surgindo como ciência moderna. Era natural que isso acontecesse com os poetas que tentaram transplantar a técnica do Cubismo para a linguagem poética e tentaram igualar os fatores científicos e os criativos. As leituras de Maiakóvski no Círculo Lingüístico de Moscou[44] não eram só um acontecimento artístico, mas o confronto de duas experiências: a elaboração do trabalho dos poetas e sua descrição científica. Maiakóvski também participou ativamente nas discussões teóricas do Círculo de Moscou, como se pode ler na obra de Jakobson *O tchéchskom stikhé* (Sobre o verso tcheco):

"Quando surgiu entre alguns filólogos de Moscou uma discussão sobre que atributos constituíam epítetos, Maiakovski, então presente, declarou incisivo: Mas para mim tudo é epíteto.[45]

Este argumento se tornou muito importante na análise de Jakobson da organização métrica e sintática do verso de Maiakóvski.[46]

Prática poética

Nossa classificação dos tipos da poesia futurista será baseada nos textos dos poetas que estavam ligados à parte central do movimento: os chamados cubo-futuristas, que se estabeleceram firmemente através do famoso manifesto *Pochchótchina obchchéstvienomu vkússu*, do ano de 1912, que em 1918 se intitularam de *komfúti* (abreviatura de "comunistas-futuristas") e que

(43) R. Jakobson, *Futurism*, *Iskustvo* (Arte), nº 7 (1919).
(44) Vide V. Erlich, *Russian Formalism*.
(45) R. Jakobson, *op. cit.*
(46) *Ibid.*

professaram a "literatura-fato" nos anos 1921-1923, agrupados em torno de *Lef* (tendo Maiakóvski como redator-chefe), órgão que reapareceria mais tarde como *Novo Lef* (1927-1928).

Não seria exato dizer que o movimento futurista começou precisamente com a publicação de seu famoso manifesto e terminou com a liquidação do *Novo Lef*. A tentativa de estabelecer limites exatos para um fenômeno intelectual seria semelhante à da mensuração exata da quantidade de água no mar.

V. Markov, em seu livro sobre Khliébnikov[47], discute detalhadamente todos os grupos e publicações que marcaram o desenvolvimento da corrente futurista. Mas suas conclusões são pessimistas: não é possível estabelecer limites cronológicos seguros. A razão para isso o Autor encontra no fato de que o Futurismo foi um fenômeno particularmente complexo e obscuro, tendo sido o seu processo de desenvolvimento obliterado por muitas facções, influências e antagonismos. Trata-se, contudo, de um problema perene. É igualmente difícil estabelecer as fronteiras do Simbolismo ou do Romantismo, do mesmo modo que os historiadores sempre tiveram dificuldades em marcar os limites da Idade Média e da Renascença.

Em seu artigo *"The Province of Russian Futurism"* ("Área de ação do futurismo russo"), Markov discute também "...contradições e inconsistências ...na prática poética dos participantes..." do grupo cubo-futurista, porque "dentro do mesmo grupo puderam coexistir o urbanista Maiakóvski e o passadista-ruralista Khliébnikov, o iconoclasta Krutchônikh e a tranqüila e introvertida Guro, o neoprimitivista Kamiênski e o altamente requintado Livchitz"[48]. As confusões do autor derivam do conceito tradicional e estéril de "escola" literária, em que a classificação se baseia nos "temas" e "estilos" adotados pelos membros do grupo, esperando-se destes uma estrita coerência sobre os pontos em questão. Se aceitamos tais critérios para a descrição de qualquer "escola" literária, teremos de rejeitar totalmente o próprio conceito de escola. Tentamos mostrar, na

(47) V. Markov, *The Longer Poems of Velimir Khlebnikov* (Berkeley — Los Angeles). Vide também o seu "The Province of Russian Futurism", *Slavic and East European Journal*, Vol. VIII, nº 4 (1964).

(48) "The Province...", p. 404.

O. BRIK, D. BURLIUK, V. MAIAKÓVSKI.

Parte II deste livro, que a ser aplicado o critério de semelhanças recíprocas entre os poetas individuais, uma censura semelhante poderia ser dirigida ao Acmeísmo e mesmo à mais coerente das escolas, o Simbolismo.

O Futurismo é conhecido, antes de mais nada, pela sua teoria da "linguagem transracional". O criador original desta teoria foi Khliébnikov e o seu mais ativo expositor, Krutchônikh. A versão dada por Krutchônikh é algo mais conhecida e habitualmente se entende que a linguagem transracional "extrai as palavras do nada" e que por isso não tem sentido. Contudo, a matéria é de muito maior complexidade e requinte.

O conceito de *zaúm* de Khliébnikov não pressupõe de modo algum uma linguagem sem sentido. Como Biéli, ele advogou a revivescência de uma linguagem automatizada, a fim de restabelecer o contato perdido entre signo e referente. Um dos modos possíveis de fazer isso é revitalizar raízes arcaicas acrescentando-lhes novos afixos. Ou a justaposição de radicais cuja etimologia comum em geral se perdeu. A esta operação Khliébnikov chama de "declinação interna das palavras" (*vnútrienieie skloniênie slov*):

"Você já ouviu falar (...) da declinação interna das palavras? (...) Se o caso genitivo responde à pergunta 'de onde?' e o acusativo e o dativo às perguntas 'para onde?' e 'onde?', a declinação deve dar às palavras originadas o sentido inverso. Deste modo, as palavras-parentes devem ter significados distantes. (...) Assim *bobr* [castor] e *babr* [tigre], que significam, respectivamente, um roedor inócuo e uma fera terrível e que são formados com o acusativo e o genitivo da base geral *bo*, descrevem, pela sua própria construção, que o castor deve ser perseguido e caçado como uma presa e que o tigre deve ser temido, pois, no caso, o próprio homem pode tornar-se objeto de caça, por parte da fera... Também, *bik* [touro] é aquilo de onde se deve esperar um golpe, e *bok* [lado] a parte para onde convém dirigir o golpe."[49]

Assim, Khliébnikov certamente leva em consideração o material existente da linguagem; além disso, os seus cálculos são relacionados com o aspecto histórico da linguagem. Eis porque foi freqüentemente chamado de "passadista" ou "classicista" em comparação com os seus camaradas futuristas. Quanto à função do *zaúm*, Khliébnikov proclama que este deveria atin-

---

(49) V. Khliébnikov, *Utchítiel i utchenik* (O mestre e o aluno), *Sobránie proizviediênii Vielimira Khliébnikova* (Obras reunidas de Vielímir Khliébnikov), V, pp. 171-172.

gir os seus fins *tchériez gólovu pravítielstv priámo k naródu tchuvstva* (através da cabeça dos governos, diretamente ao povo do sentimento).[50] Segundo ele, esta linguagem atuaria de acordo com os mesmos poderes da linguagem dos sortilégios, das fórmulas cabalísticas ou da liturgia religiosa: a audiência não compreende o *significado* das palavras, mas elas influenciam *os seus sentimentos e a sua imaginação*.

Como já vimos pelas suas obras teóricas, Khliébnikov tinha uma ligação marcante com o Simbolismo. Observou-se muitas vezes em sua poesia, particularmente em seus poemas mais longos, o fato de que se utilizou de imagens e motivos próprios dos simbolistas.[51] Alguns críticos chegaram a afirmar que o que permaneceria da obra de Khliébnikov "seria o seu classicismo".[52] Por outro lado, Tinianov chamou Khliébnikov de criador da épica moderna.[53]

O certo é que Khliébnikov foi ao mesmo tempo o continuador da tradição e o ponto de partida para todos os tipos de poesia futurista. Devemos primeiro analisar a sua poesia "transracional", a fim de verificar que os seus poemas "tradicionais" revelam todos os traços da arte futurista.

A típica poesia *zaúm* de Khliébnikov pode ser classificada da seguinte maneira:

(1) Poemas em que se utilizam as possibilidades da gramática russa.

(a) Cinzerário
Langorário
Frigidário
Placitudinário
Larguesco
Longuesco
Altesco
Profundesco
Horresco
Gigantesco

O poema consiste apenas em um paradigma de derivações (*paregmenon*) formadas segundo a analogia mor-

[50] A citação é tirada de: I. Tinianov, *O Khliébnikovie* (Sobre Khliébnikov), *ibid.*, I.
[51] Cf. Markov, *The Longer Poems...*, pp. 60 ss.
[52] Cf. G. Vinokur, *Khliébnikov*, *Rúski sovriemiênik* (O contemporâneo russo), 4 (1924).
[53] Tinianov, *op. cit.*

fológica. Assim, a própria gramática é aqui utilizada a fim de mostrar e acentuar todas as possibilidades da linguagem em sua forma "revivida", de acordo com a convicção de Khliébnikov de que "Tendo substituído na velha palavra um som por outro, imediatamente criamos o caminho de um vale da linguagem para outro e, como abridores de caminhos, estabelecemos vias de comunicação no país das palavras, através das cordilheiras do silêncio idiomático".[54]

> (b) Um caso mais complexo aparece no conhecido poema *Zakliátie smiékhom* (Encantação pelo riso):

Ride, ridentes!
Derride, derridentes!
Risonhai aos risos, rimente risandai!
Derride sorrimente!
Risos sobrerrisos — risadas de sorrideiros risores!
Hílare esrir, risos de sobrerridores riseiros!
Sorrisonhos, risonhos,
Sorride, ridiculai, risando, risantes,
Hilariando, riando,
Ride, ridentes!
Derride, derridentes!

Aqui deparamos outra vez com toda a gama de derivados da palavra *smiekh* (riso), isto é, o mesmo artifício da analogia morfológica.

Tal como o título indica, o poema alude principalmente às formulas folclóricas de encantamento, nas quais a propriedade principal é de tornar a linguagem *instrumento* e *objeto*, simultaneamente — duas funções concentradas em um ato. O signo lingüístico se torna palpável, já que a atenção se concentra totalmente no mesmo como portador de uma função mágica. A fim de tornar palpável o signo, Khliébnikov apresenta todas as possibilidades potenciais contidas no código lingüístico. O *imperativo*, que predomina estruturalmente (mas não estatisticamente) no poema, determina muito claramente a forma "encantamento."

O encantamento "pelo riso" traz outra sugestão: o riso ritual do folclore, que tem uma função mágica

---

(54) V. Khliébnikov, "Nossa base" (*Nacha osnova*), *Sobránie proizviediênii* (Obras reunidas), V, p. 229.

e muitas vezes simboliza a vitória do poder do bem sobre o mal.[55]

Deve-se observar que nos dois poemas "transracionais" citados só se utilizam os mecanismos gramaticais de uso na língua russa para as derivações, tanto no nível fonêmico quanto no morfológico.

(c) No poema que se segue é utilizada a *ambigüidade natural* da sintaxe russa, que se transforma em *ambigüidade poética*:

> *Quando morrem, os cavalos — respiram,*
> *Quando morrem, as ervas — secam,*
> *Quando morrem, os sóis — se apagam,*
> *Quando morrem os homens — cantam.*

O paralelismo morfológico das sentenças diverge em relação ao paralelismo semântico na última sentença: o resultado é que não se sabe se as pessoas cantam ao morrer ou se "alguém canta" quando as pessoas morrem. As duas leituras do texto se tornam possíveis: a primeira leitura é apoiada pelo sentido das sentenças paralelas precedentes, particularmente pela sentença que precede a final, em que o segundo predicado *gásnut*, (se apagam) tem um sujeito extra que se expressa pelo pronome *oni* (eles), acentuando a referência do predicado principal ao sujeito *sólntza* (sóis). A segunda leitura, em que a oração subordinada é interpretada como impessoal, é possível por causa da regra de gramática russa em que a forma impessoal pode ser expressa pela terceira pessoa do plural.

(2) O segundo tipo de poema nos conduz ao problema do "som-imagem" (*zvukoóbraz*).

> *Bobeóbi cantar de lábios,*
> *Lheeómi cantar de olhos,*
> *Cieeo cantar de cílios,*
> *Stioeei cantar do rosto*
> *Gri-gsi-gseo o grilhão cantante.*
> *Assim no bastidor dessas correspondências*
> *Transespaço vivia o Semblante.*

---

(55) Cf. V. Propp *Rituálni smiekh v folklorie* (O riso ritual no folclore), *Utchônie zapíski Leningrádskovo gos. Un-ta* (Anais científicos da Univ. Estatal de Leningrado), 46 (1949); vide também R. Jakobson, "Medieval Mock Mystery", *Studia philologica et litteraria in honorem L. Spitzer* (Berna, 1958).

O que nos surpreende aqui, antes de mais nada, é o fato de que vocábulos tais como *bobeóbi, lheeómi, cieeo, stioeei, gri-gsi-gseo** não somente carecem de qualquer significado no código lingüístico russo como também a sua construção é inteiramente *alheia à fonologia russa*, pois nesta é impossível a seqüência de fonemas /e/ depois de vogais ou de consoantes emparelhadas não-palatalizadas. Conseqüentemente, não se encontra aqui a analogia morfológica que ocorre nos dois poemas anteriores. A sintaxe, igualmente, é contra as regras: "os lábios *se cantavam*", "o semblante *se cantava*".**

Contudo, a função desses vocábulos na estrutura do poema inteiro torna-se "significativa". Trata-se de *transposição da seqüência visual para a seqüência sonora*: a boca, os olhos, o rosto teriam tal ou qual forma se os transferíssemos para dentro de categorias sonoras, talves musicais (*"piélis;* na tradução, "cantar de"). A boca deveria ser composta primariamente de *sons labiais: bobeóbi.* É exatamente a isso que Óssip Brik chamou de *"zvukoóbraz"* ("imagem sonora"), em perfeito acordo com a própria teoria de Khliébnikov sobre a etimologia onomatopaica da palavra (tirada de muitos teóricos, a começar por Vico).[56] Cada uma dessas "imagens sonoras" repete, caracteristicamente, as consoantes que se encontram nas posições, muitas vezes decisivas, dos verdadeiros nomes dos objetos transformados:

bobeóbi — lábios
lheeómi — olhos
stioeei — rosto

Formam *Leitmotive* semântico-sonoros que ligam os dois membros de cada par. Tudo isso é confirmado pela opinião de Khliébnikov concernente à função fundamental da consoante inicial na palavra: "A primeira consoante de uma simples palavra governa a palavra inteira — dá ordens às demais."[57] O último vocábulo

(*) Foi feita, na tradução, uma adaptação fonêmica das palavras inventadas. No original, está: *"bobeóbi, veeómi, lieéi, gri — gzi — gzeo".* (Nota dos organizadores).

(**) Na tradução usou-se "cantar", que pode ser tanto substantivo como verbo, mantendo certa estranheza (Nota dos organizadores).

(56) Cf. Giambattista Vico, *Scienza Nuova.*
(57) V. Khliébnikov, *op. cit.,* p. 235.

— gri-gsi-gseo — exerce uma função onomatopaica (*tzep*, grilhão).

A segunda parte do poema — conclusão intelectual — introduz termos pictóricos:

> *Assim no bastidor dessas correspondências*
> *Transespaço vivia o Semblante.*

Encontramos alusões semelhantes à pintura na poesia de Maiakóvski:

> *Manchei o mapa cotidiano*
> *Jogando-lhe a tinta de um frasco*
> (*A vi mogli bi?*, Algum dia você poderia?)

Recordem-se também as declarações diretas dos futuristas no que diz respeito à sua relação com o Cubismo. No poema de Khliébnikov encontra-se a teoria da relatividade aplicada às artes visuais, assunto a que já nos referimos no início deste capítulo. De acordo com as regras do Cubismo, o conceito de espaço na pintura sofreu importantes modificações. Tornou-se relativo, no sentido de que os objetos eram situados em uma perspectiva livre, uns em relação aos outros, e se deslocavam contra os princípios da perspectiva tradicional.[58] Assim, o "bastidor de tais correspondências" — isto é, correspondências livres, em que "o Semblante" subsiste "transespaço", independentemente do espaço — é a tela de um pintor cubista, transposta por um poeta para outro meio artístico: o som. Esta última operação se relaciona com o programático sincretismo futurista (e de outras vanguardas), o que será discutido posteriormente. Tudo isso se complementa através da "linguagem transracional", que adquire o seu "pleno significado" na estrutura do poema.

(b) O conhecido poema *Kuzniétchik* (O grilo) emprega uma variação da mesma noção de imagem sonora:

> *Aleteando com a ourografia*
> *Das veias finíssimas,*
> *O grilo*
> *Enche o grill do ventre-silo*

---

(58) Cf. G. Lemaitre, *From Cubism to Surrealism in French Literature* (1947); vide também W. Sypher, *From Rococo to Cubism*.

Com muitas gramas e talos da ribeira.
— Pin, pin, pin! — taramela o zinzibér.
Oh, cisnencanto!
Oh, iluminios!

(Tradução de Augusto de Campos)

Este poema, juntamente com o anterior, revela a predominância do padrão sonoro sobre todos os outros fatores. A sentença principal apresenta a mais completa expressão de paronomásia: *Kuzniétchik v kúzov puza ulojil*. A configuração paronomástica obscurece o significado "estranho" do poema. O acompanhamento da construção paronomástica reside em neologismos e dialetalismos. Os neologismos *krilichkovát* (aletear), *zolotopismó* (ourografia), *liebiedivo* (cisnencanto), pertencem, do ponto de vista morfológico-fonêmico, à classe dos neologismos "moderados". O primeiro e o último se baseiam na analogia morfológica; o segundo é um espécime composto, comum ao repertório simbolista. É interessante notar que a palavra *krilichkovát* pertence ao repertório dos neologismos infantis, pois, conforme foi testado por K. Tchukóvski,[59] as crianças formam verbos de ação derivados de áreas muito diversas da linguagem falada.[60] Esta palavra, formada do diminutivo *krílichki* (asinhas), juntamente com o diminutivo *kuzniétchik* (grilo, literalmente "ferreirinho"), orienta o poema no sentido da linguagem infantil, que foi uma das fontes da linguagem *zaúm* de Khliébnikov. Deve-se lembrar aqui o seu poema *Komu skazátienki* (A quem dizer)... (cerca de 1909-1910), cheio de diminutivos e com uma estilização total da linguagem dos contos de fadas.

Os dialetismos são escolhidos de tal modo que os críticos da época tomaram alguns deles por neologismos puros (cf. *zinzibér*) ou os compreenderam como uma utilização figurativa, como é o caso de *vier*[61], por exemplo.

Khliébnikov utilizou-se de dialetismos não só nos casos em que a linguagem aparece como "a única per-

(59) Cf. K. Tchukovski, *Ot dvukh do piati* (De dois a cinco — Moscou, 1955).
(60) Alguns de seus exemplos: *namakarónitsia* (macarronizar-se); *obsviétchkat* (iólku), ou, referindo-se à árvore de Natal, "envelanar".
(61) Segundo os próprios comentários de Khliébnikov, ambas as palavras são utilizadas em algum dialeto do Ural; o primeiro significa uma espécie de pássaro e o segundo um caniço ou junco.

sonagem" mas também em seus longos poemas épicos. Por exemplo, uma peça intitulada *Iz piéssien gaidamakov* (De canções cossacas) começa com o seguinte verso:

"Suspênsil voava o barão, pernimontando montes."

O que dá, logo no início do poema, um toque de linguagem *zaúm*. É evidente que em muitos casos Khliébnikov se utilizou dos valores polissêmicos do dialetismo, reforçados pelo contexto "transracional". Como resultado disso obtém-se uma quase-imagem, com a primazia do som, que pode evocar uma espécie de contorno para as imagens, a serem completadas pela imaginação do leitor ou ouvinte.

Lembremos que, segundo Krutchônikh, qualquer estilização dialética é de fato *zaúm* e que os "provincianismos" de escritores como Bábel, Seifúlina ou Leonov constituem os mais fortes meios de expressão.[62]

Khliébnikov foi também o primeiro a usar, em gêneros sérios, a chamada "homonímia reversa"[63], processo em que estão construídos o longo poema *Stienka Rázin* e um curto, *Piérieviertien* (ao avesso). As palavras de Rázin, na cena dramática de sua punição e morte, *Nie sajús, ujássien* (Terrível, não me sento), podem ser lidas de frente para trás e vice-versa com o mesmo significado. Com toda a sua semelhança em relação à técnica barroca do palíndromo (*piérieviertien*, em russo), representa aqui uma inovação por causa da sua utilização séria, enquanto anteriormente exercia a função de um jogo humorístico: quando lido de trás para frente o significado se transformava, passando de uma mensagem séria a uma brincadeira ou à negação do texto anterior.

(3) O terceiro e último exemplo nos apresenta um caso interessante de "imagem deslocada" (*sdvínuti óbraz*). O poema traz um título que não foi dado pelo autor, mas pelo seu amigo e editor D. Burliuk: *Kon Prjeválskovo* (O cavalo de Prjeválski).

(62) A. Krutchônikh, *Zaúmni iaziki Seifúlinoi, Vs. Ivánova, Leônova, Bábielia* (A língua transracional de Seifúlina, V. Ivanov, Leonov e Bábel, — Moscou, 1925).

(63) O termo é de B. Lárin. Cf. *O lírikie kak raznovídnosti khudójestvienoi riétchi* (Sobre a poesia lírica, como variedade de discurso artístico), *Rúskaia rietch* (Discurso russo), Série nova. I (Leningrado, 1927).

Perseguido — Por alguém? Que sei? Não cuido.
Pela pergunta: uma vida, ... e beijos, quantos?
Pela romena, dileta do Danúbio,
E a polonesa, que os anos circuncantam.
— Fujo para brenhas, penedias, gretas,
Vivo entre os pássaros, álacre alarido.
Feixe-de-neve é o revérbero de aletas
De asas que brilharam para os inimigos.
Eis que se avistam as rodas dos fadários,
Zunido horrível para a grei sonolenta.
Mas eu voava como roca estelária
Por ígneas, não nossas, ignotas sendas.
E quando eu tombava próximo da aurora
Os homens no espanto mudavam a face,
Estes suplicavam que eu me fosse embora,
Outros me rogando: que eu iluminasse.
Para o sul, para as estepes, onde os touros
Pastam balouçando chifres cor de treva,
E para o norte, para além, onde os troncos
Cantam como arcos de cordas retesas,
Coroado de coriscos o demônio
Voava, gênio branco, retorcendo a barba.
Ele ouve os uivos de hirsutas carantonhas
E o repicar das frigideiras de alarma.
"Sou corvo branco — dizia — e solitário,
Porém tudo, o lastro negro dos dilemas,
A alvinitente coroa de meus raios,
Tudo eu relego por um fantasma apenas:
Voar, voar, para os páramos de prata,
Ser mensageiro do bem, núncio da graça."

Junto ao poço se estilhaça
A água, para que os couros
Do arreio, na poça escassa,
Reflitam-se com seus ouros.
Correndo, cobra solerte,
O olho-d'água e o arroio
Gostariam, pouco a pouco,
De fugir e dissolver-se.
Que assim, tomadas a custo,
As botas de olhos escuros
Dela, ficassem mais verdes.
Arrolos, langor, desmaios,
A vergonha com seu tisne,
Janela, isbá de três lados,
Ululam rebanhos pingues.
Na vara, baldes e flor,
No rio azul uma balsa.
"Toma este lenço de cor,
Minha algibeira está farta."

"Quem é ele? Que deseja?
Dedos rudes, mãos de fera!
É de mim que ele moteja
Rente à choupana paterna?
Que respondo, que contesto,
Ao moço dos olhos negros?
Cirandam dúvidas lestas!
E ao pai, direi meu segredo?"
"É minha sina! Me abraso!"
Por que buscamos, com lábios,
O pó, varrido das tumbas,
Apagar nas chamas rubras?

Eis que para os píncaros extremos
Ergo vôo como o abutre, sinistro.
Com mirada senil considero o bulício terreno
Que, naquele instante, eu diviso.

Em contraposição aos poemas anteriormente apresentados, este opera com um sistema de imagens e até mesmo com um "enredo". A sua base consiste obviamente em alguns "acontecimentos". A conexão entre os mesmos é difícil de ser decifrada à primeira vista, por causa da mudança de pontos de vista no plano narrativo. Para começar, temos a narrativa na primeira pessoa, em que o narrador é também o "herói", o participante dos acontecimentos. Mas repentinamente, sem qualquer motivação composicional, a narrativa na primeira pessoa desaparece; distancia-se agora do "herói", que se torna apenas objeto de descrição ("Coroado de coriscos... voava... / Ele ouve...."). Este reaparece em pessoa no monólogo apresentado em forma de citação. ("Sou corvo branco — dizia..."). Na segunda parte do poema o narrador desaparece completamente, dando lugar a duas vozes novas em quase-diálogo ("Na vara, baldes e flor..."). O herói-narrador retorna no desfecho do poema a fim de proferir as falavras finais ("Eis que para os píncaros extremos / Ergo vôo...").

A mudança de pontos de vista é acentuada pela alteração de tempos verbais. O poema se inicia no tempo presente. Em seguida, ainda com o mesmo narrador, transfere-se para o passado ("Perseguido — Por alguém?... Fujo... Vivo... Eis que se avistam as rodas dos fadários... Mas eu *voava* como roca estelária... Quando eu *tombava*... / Os homens... *mu-*

davam a face..."). O tempo pretérito continua após a súbita mudança de narração para a terceira pessoa ("Coroado de coriscos o demônio / *Voava*...").

O caráter do narrador-protagonista também é tornado "difícil". O seu retrato é mais ou menos semelhante ao do Demônio de Lérmontov. É chamado de *biéli tchort* (demônio branco) e os seus traços característicos são os do bem e do mal; seus desejos: ir para alguma terra do bem ("para os páramos de prata") e tornar-se o arauto do bem. Alguns o tomam por um poder maligno ("no espanto mudavam a face", "suplicavam que eu me fosse embora'") e outros, por um santo ("Outros me rogando: que eu iluminasse"). Voa por sobre a terra e vê o bem e o mal que existe nela, exatamente como o Demônio de Lérmontov. ("Triste demônio, espírito do exílio, / Voava sobre a terra pecadora.") Seu caminho é marcado pelas chamas ("...voava... / Por ígneas, não nossas, ignotas sendas."); traços descritivos: uma coroa de relâmpagos ("coroado de coriscos") e ofuscantes asas brancas. Caracteriza a si mesmo como "a pedra dos céus" ("roca estelária"); isso constitui uma alusão muito interessante ao Demônio de Lérmontov, que é indiretamente comparado a um cometa incendiado. O padrão rítmico — o iâmbico livre — também se relaciona com o tetrâmetro iâmbico do poema de Lérmontov. O tema do Demônio (*Dêmon*) era muito popular naquele tempo: a prova disso são as ilustrações de Vrúbel para o poema de Lérmontov e, sobretudo, o seu famoso quadro com o mesmo título. O poema de Pasternak *Pámiati Dêmona* (À memória do Demônio) (1917) e o de Maiakóvski *Tamara i Dêmon* (Tamara e o Demônio) (1924) marcam a persistente continuidade dessa tradição.*

O "demônio" de Khliébnikov constrói-se exclusivamente à base de sugestões e alusões, o que torna a imagem predominantemente ambígua e "deformada". O que está outra vez de acordo com a tendência futurista

(*) Como se esclarece pelo contexto, o Demônio a que a Autora se refere não se identifica com o símbolo dos poderes malignos da teologia cristã. Trata-se do Demônio como gênio profético e vidente, o Gênio da inspiração poética, bem próximo ao *Daimon* socratiano. O símbolo do Demônio, com suas raízes na mitologia grega, tem caráter ambíguo na poética romântica e simbolista. (Nota do tradutor)

ALEKSANDR RÓDTCHENKO, *COMPOSIÇÃO ABSTRATA*, 1918.

para lidar com motivos ou imagens tradicionais, apresentando-os de uma nova maneira, seja para caricaturar ou simplesmente para alterar uma velha imagem a fim de obter uma nova dimensão da mesma. O primeiro procedimento é mais típico de Maiakóvski, o segundo, de Khliébnikov. A "redução" feita por Maiakóvski de algumas imagens tradicionais, p.ex., a imagem-da-lua em seus primeiros poemas e posteriormente a utilização parodística da *tchastuchka* no poema *Vo viés golos* (A plenos pulmões) ou de fragmentos do *Ievguêni Oniéguin* de Púchkin em *Khorochó!* (Que bom!), é um processo bem conhecido. Em *Pro eto* (Sobre isto), Maiakóvski joga com o ritmo e os motivos de uma balada e se utiliza de algo da imagética de Gógol e Dostoiévski, não como paródia, mas como um "empréstimo" muito enfatizado, com a necessária deformação. Khliébnikov procede da mesma maneira, particularmente em seus poemas mais longos[64], mas também nos poemas curtos. Como exemplo bastante específico temos um poema de seis versos, evidente exercício sobre o famoso *Rieká vriemión* (Rio dos tempos) de Dierjávin:

> *Anos, países, povos*
> *Fogem no tempo*
> *Como água corrente.*
> *A natureza é espelho móvel,*
> *Estrelas — redes; nós — os peixes;*
> *Visões da treva — os deuses.*
> (Tradução de Augusto de Campos)

Não por acaso esse procedimento foi também utilizado pelos pintores, particularmente os cubistas. Picasso é o mais representativo a esse respeito, caricaturando ou simplesmente alterando partes nas pinturas de Poussin, Ingres e outros mestres dos séculos passados.

A segunda parte de "O cavalo de Prjeválski" continua a mesma técnica. Em seu aspecto formal é completamente dissociada da primeira parte: ritmicamente, diferencia-se, pelo seu tetrâmetro trocaico, do modelo do iâmbico livre da parte anterior; o narrador desaparece completamente e o assunto da descrição se modi-

---

(64) Cf. Markov, *op. cit.*
(65) Cf. John Berger, *Success and Failure of Picasso*, Penguin Books, 1965.

fica. A "ação" e a imagética desta parte podem ser reconstruídas na base do folclore. Os elementos aqui exibidos — a fonte, a água, as rédeas douradas ("...os couros / Do arreio... com seus ouros...") — são todos necessários como acessórios de qualquer cena de amor nas tradições folclóricas russas, ucranianas e polonesas. A fonte é uma paisagem costumeira nas cenas de amor ou de primeiro encontro, dentro dessa tradição folclórica. Um sistema simbólico fixo apresenta uma jovem dando água ao cavalo de "um jovem galhardo" (*dóbri molodiétz*). As "rédeas douradas" são as rédeas do cavalo do jovem que vem procurar a noiva. A seguir temos os elementos da veste da noiva: as botas com "olhos negros" ("As botas de olhos escuros"). A descrição de todos os acessórios é seguida pelos signos de uma cena de amor: "Arrolos, langor, desmaios, / A vergonha com seu tisne..." e já no fim desta parte encontramos fragmentos de quase-diálogo ("Na vara, baldes e flor...").

Numa peça original de folclore as *personae* são realçadas pelos acessórios. As *personae* fornecem a base necessária do enredo, mas os acessórios constituem características obrigatórias do gênero. Khliébnikov não apresenta as personagens, mas *somente os acessórios*. Tal apresentação metonímica também era utilizada no folclore. Potiebniá observou o paralelismo típico:

> *Dos portões o corcel galopava,*
> *Da madeira o bravo saía (...)*

em que um cavalo se torna a representação metonímica de um jovem cavaleiro.[66] Nos poemas de Khliébnikov, as representações metonímicas não são apenas *substitutos das personagens*, são as próprias personagens porque agem como se fossem pessoas: "O olho-d'água e o arroio / gostariam..." "As botas... / ...ficassem mais verdes". De certo modo, isso está de acordo com a poética do folclore, que se utiliza freqüentemente da figura da animação. Mas por outro lado pertence ao tema futurista da "sublevação dos objetos" (*vostánie viechchéi*), que é o motivo principal dos poemas *Jurávl* (O grou) e *Marquisa Dezès* (A Marquesa Dezès) de Khliébnikov e do "150 000 000" de Maiakóvski.

---

(66) Cf. Potiebiná, *Iz zapíssok po teórii sloviésnosti* (Notas sobre teoria da linguagem).

A tendência dos objetos a serem remodelados em outras formas tornou-se posteriormente uma figura especial da fala e um tema de toda a poesia moderna. Outro exemplo de Khliébnikov:

> *Canção — lufada.*
> *Que sei? Quem dera!*
> *Gana da espada*
> *Por ser esfera.*

Maiakóvski:

> *(As estradas:) Queremos vazar como asfalto,*
> *Sob o lastro dos trens expressos...*
> ("150 000 000")

Na poesia tcheca V. Nezval nos oferece um exemplo interessante do mesmo motivo, só que no caso se refere a uma pessoa que deseja tornar-se um objeto:

> *Ah quem me dera mudar!*
> *Virar sabão, manso, corça,*
> *E todo o tempo espumar*
> *Sobre um joelho de moça.*
> (Snídání v travě, O almoço na relva)

O jogo lingüístico espirituoso reside, no original, na palavra *jelen* (corça), que é o nome de uma conhecida marca de sabão.

A metonímia de Khliébnikov no poema analisado fixa-se sobretudo na maneira cubista: os objetos que representam os seus possuidores são destorcidos ou deslocados. Por exemplo, a jovem é representada pelas suas botas, mas as próprias botas têm "olhos negros" ("As botas de olhos escuros"), isto é, uma parte do possuidor se transfere para o objeto possuído. Temos assim uma relação metonímica recíproca em que cada um representa o outro. Picasso (em seu período de "Moça diante do espelho" até "Guernica") Braque e Juan Gris fornecem numerosos exemplos desse processo de deslocamento.

Outra típica distorção cubista localiza-se no problema da simultaneidade e da representação do espaço:

Arrolos, langor, desmaios,
A vergonha com seu tisne,
Janela, isbá de três lados,
Ululam rebanhos pingues.
Na vara, baldes e flor,
No rio azul uma balsa.

O que encontramos aqui não é só uma representação fragmentária, acentuada por um conjunto assindético de orações nominais: as próprias orações trazem os nomes de fenômenos ou objetos de vários planos diferentes. Esses fenômenos diversos são todos justapostos, do mesmo modo que os objetos mais divergentes são colocados simultaneamente em um mesmo plano na pintura cubista. Particularmente interessante é a oração "Janela, isbá de três lados". A separação entre janelas e cabana pelos meios sintáticos da coordenação, ao invés do princípio normal de regência ("janela da isbá"), é inteiramente análoga ao espaço de uma superfície plana cubista em que os fragmentos de um determinado conjunto são livremente dispersos.

Observemos, finalmente, a função dos padrões sonoros na segunda metade do poema, que predominam às vezes sobre a lógica sintática. A primeira sentença (*U kolódtza raskolotza / Tak khotiela bi vodá*) traz unidas sob o princípio da paronomásia as duas primeiras palavras. Portanto, através da percepção auditiva, podemos tomar a sentença ou como uma inversão da parte infinitiva do predicado (*vodá khotiela bi raskolótza*) ou como um fragmento tautológico, típico do folclore (*u kolódtza — raskolódtza*), já que seria normal em Khliébnikov a possível derivação *raskolódietz*. Há ainda uma terceira possibilidade: considerar *u kolódtza* como sendo o verbo *ukolótsa* picar-se, e nesse caso temos dois infinitivos paralelos para o verbo *khotiela bi*.

O mesmo problema surge na oração subordinada: a justaposição das duas primeiras palavras por suas qualidades paronomásticas, *chtob v bolotze s pozolótzei otrazílis povodá*, ou produz uma possível ordem inversa, e assim temos *povodá s pozolótzei*, ou não produz inversão alguma, e nesse caso temos *bolótze s pozolótzei* (poça pequena com dourados). O elemento predominante em toda a sentença é a freqüente repetição do som /tc/, apoiado pela rima interna.

O final traz de volta o nosso Demônio e todas as partes do poema se ligam pelo fato de que a "cena" já referida do vôo do Demônio sobre a terra era realmente um fragmento de sua própria encarnação e experiência, como acontecia igualmente ao Demônio de Lérmontov com Tamara. O resultado dessa experiência é a desilusão e o desespero diante da *vanitas vanitatum* em sua totalidade.

De Khliébnikov passamos aos "poetas transracionais" (*zaúmniki*), cujo líder e teórico principal era Krutchônikh. Destacam-se também poetas como E. Guro (posteriormente S. Khabias) e os irmãos D. e N. Burliuk. Surgiram todos juntos no Volume II de *Sadók súdiei* (Armadilha para juízes) em 1914. Os poetas *zaúm* professaram apenas uma parte da poética de Khliébnikov, dando importância sobretudo à pura experiência sonora. Krutchônikh era o mais provocador e o mais ousado nesse sentido. Aqui estão exemplos das variantes que se encontram na sua poesia:

(1) A mensagem do poema que se segue é simbolismo sonoro.

USINA CINDIDA

F — Fábrica
  pêndulo
  ângulo de aço
  metro e céu — de gás
  regira o giroscópio
  estralo... marcha... síncope
sob o zeiss — fustigam lâminas de rádio,
sintársis... alfa — beta — gama — raio...
o cristal desliza pelas costelas da armação
....
zarcão... zr... zk... tchm... do zinco
zoeira... zigzag... zás —
    zurzir — j — j — z — z — z!
    — a usina toda que zune!

O que a primeira parte apresenta não é propriamente a descrição de uma fábrica, mas a descrição do som /f/ em termos de comparação a um conjunto de fenômenos que estão associados a este som. O protótipo dessa descrição de sons encontra-se no poema "Voyelles" de Rimbaud. Mas Rimbaud simplesmente estabeleceu relações entre diversas vogais e cores, enquanto Krutchônikh fez relações muito mais difíceis. A noção de dureza que caracteriza uma determinada consoante é representada através de uma certa quantidade de fenômenos que simbolizam essa qualidade: tangíveis ("ângulo de aço", "giroscópio") e audíveis ("estralo", "marcha", "síncope"). Na segunda parte do poema há um desvio no processo: trata-se agora da descrição da própria fábrica ("a usina toda que zune!") através de palavras técnicas particularmente escolhidas, com L*eitmotive* consonantais em que predominam as consoantes "duras", apresentadas no fim do poema em sua forma pura: /zl/, /zx/, /čm/, /žž/, /zzz/.

(2) A segunda variante apresenta simplesmente os *Leitmotive* desses sons, que são qualificados por Krutchônikh como sendo os melhores meios "para a representação: o zás do movimento, a zoeira" e assim por diante:[67]

ZUSTOS

Anibalesce... Arranha-céus! Zás! Sus!
Zulus... lústreos tendões de vidro
Talos-de-bambus...

Nas duas versões nos defrontamos com um tipo de poesia construída sobre a pura "imagem sonora", em que o significado é apenas um lastro. Não há, como se verifica no caso de Khliébnikov, uma alusão ao significado, um contorno que deva ser preenchido com um conteúdo — procedimento às vezes chamado de "névoa de significado". O verdadeiro valor da poesia de Krutchônikh reside na dimensão física dos sons ouvidos (percebidos). A mais completa explicação e apreciação crítica deste fato foi dada por Pasternak em sua introdução a um volume de poemas de Krutchônikh:

"Desaparecia o visível da literatura. Morria a lembrança do significado, como reminiscência de uma pretensão ridícula, logo recolhida. Ficava apenas a agudez do observar geral, naturalístico, de dois segundos, como o dos imitadores talentosos. (...) quadros vastos, típicos, deslizam um após outro para a consciência, suscitados por um movimento abrupto, quase de prestidigitação, aparentado com o espontâneo básico e mistificador da arte".

O esforço dos poetas *zaúmniki* na reformulação da poesia foi exatamente paralelo ao dos cubistas em relação à pintura:

(67) Conforme está citado na p. 103.
(68) B. Pasternak, *Vzamién priedislóvia* (Em lugar de prefácio), *Kaliendar* (Calendário), A. Krutchônikh (Moscou, 1926).

"Os pintores se esforçavam por *estabelecer a presença física daquilo que representavam*... Nas naturezas mortas essa realidade da presença física muitas vezes se expressou através do próprio material utilizado. Um jornal era representado por um verdadeiro pedaço de jornal. A configuração da madeira de uma gaveta de mesa é representada por um pedaço de papel de parede imitando o apainelado da madeira."[69]

Esta citação é paralela à interpretação algo poetizada de Pasternak da "imagem sonora" ou, em outros termos, a *"palavra-coisa"* (*slovo-viechch*). Mas a citação nos dá também a explicação perfeita para um traço ainda mais importante da poesia futurista, o *sincretismo*. Do mesmo modo que os cubistas, os futuristas introduziram na criação verbal elementos de outras artes, objetos ou fenômenos diversos, como por exemplo trechos de uma partitura no *Voiná i mir* (A guerra e o mundo) de Maiakóvski, na altura em que está falando sobre música; Krutchônikh, enquanto recitava o seu poema *Viesná s dvumiá priglachêniami* (Primavera com dois convites), cujo propósito era o de transmitir a sensação da época primaveril, movia uma cadeira que fazia um barulho rítmico com os quatro pés ("ruídos da rua"). V. Kamiênski, em um poema publicado num dos almanaques futuristas, *Nagói sriedi odiétikh,* (Nu entre gente vestida),[70] transmite as suas impressões de Constantinopla[71] através de figuras geométricas (que simbolizam as formas arquitetônicas da cidade). Também escreve as palavras de tal maneira que a sua distribuição apresente a figura geométrica de um fez (*fiéski*):

    F
      êz
      ca
      fé
          bagos de uva
          pássaros
          pássaros
          passam
          pass
          cem

(69) J. Berger, *op. cit.*, p. 58 (grifos meus).
(70) *Nagói sriedi odiétikh* (Moscou, 1913).
(71) De acordo com Chemchurin, que interpretou o poema em *Strelietz*.

Sons separados pretendiam reproduzir "vozes de pássaros" (i, i), e alguns vocábulos, "vozes da multidão oriental" (*"narê", "ramziê", "amza", "tzkharê", "zza"*). Uma última particularidade do poema de Kamiênski — dar a sensação de "vozes estrangeiras" através da linguagem transracional — é de especial interesse. De certo modo isso é um sintoma de que a linguagem transracional não pretendia ser apenas puro som, mas tentava estabelecer-se como uma linguagem verdadeira em alguma nova base. A analogia morfológica era o único domínio em que o som poderia se fundamentar. A morfologia da língua russa era muito "comum" e podia se exaurir muito rapidamente. Em consequência disso, o modo mais simples de proceder seria substituí-la pela morfologia de alguma língua estrangeira. Os modelos mais atraentes eram as línguas turcas, pois têm um sabor "exótico" e, além disso, oferecem um ótimo exemplo de "forma difícil" graças à estrutura sonora "pesada" que as caracteriza, isto é, a acumulação de consoantes e sequências de vogais e consoantes que são consideradas "ásperas" para o ouvido russo. Krutchônikh deu uma clara explicação disso, fornecendo, como de costume, uma boa quantidade de exemplos elucidativos:

"... nem todos os sons foram aproveitados pelos simbolistas, mas apenas alguns, apenas as gamas de sonoridade mais doces (...) e retumbantes. E os sons que para o seu gosto eram rudes, ficaram relegados. O futurismo preencheu essa lacuna, dando uma *série sonora surda e pesada*:

> *dyr — bul — chchil*
> *ubiechchur*
> *skum!*
> *vy — so — bu*
> *p — l — ez*
> (com timbre tártaro)."[72]

(3) Passemos à explicação do *terceiro tipo* de poesia transracional, com um exemplo tirado de Krutchônikh:

(72) A. Krutchônikh, *Zaúmni iazik...* (grifos meus).

TARTACHAI

Gunt jamen hoj
Agá — ga — a — gut! gum!
Gui — ga — ga
O — urraj go zok zim zon!
Zuk zuk bum tchubur!
Tchubigar...

É bastante justificável que se acrescentem exemplos de poetas que não foram futuristas, mas que foram em grande parte influenciados pela poesia de vanguarda e pelo Futurismo em particular, experimentando também a imitação da fonologia de línguas estrangeiras. O mais bem sucedido entre esses poetas foi o polonês J. Tuwim. Seu ciclo poético *Slopiewnie* traz amostras de poemas "transracionais" russos, sendo objetivo de Tuwim transmitir as qualidades "suaves" da língua russa, que para os poloneses é um protótipo da fala "doce" e melodiosa:

> *Tiévnaia pievúnitza*
> *Míloi mi radúnie!*
> *Zvóniestie, zagóristie*
> *Svietloliádi strúny!*
> *Viárkoti jurtchálovo*
> *Viúnitza platchevna*
> *Grústivie pietchálovo*
> *Tiévnaia slopievna*
> (*O mowie rosyjskiej,* Sobre a língua russa)*

Outro exemplo de Tuwim é uma imitação do francês, língua que os poloneses sempre consideraram o epítome da elegância:

> *Era uma vez*
> *Elon lanler liron*
> *Elon lanla bibon bonbon*
> *Elon lilon lanler*
> *Lalon lila bibon bonber*
> *Era uma vez uma vez*
> *Lanlanler*
> *Um relojoeiro francês...*
> (*Ballada starofrancuska,* Velha balada francesa)

Maiakóvski está no pólo oposto dos poetas "transracionais". Nunca tentou experiências do tipo das que

(*) Transliteramos o poema para o português, conforme indicação de Krystyna Pomorska. (Nota dos Organizadores).

foram realizadas por Krutchônikh. A partir dos seus primeiros poemas programáticos foi gradativamente evoluindo para a poesia do *'Ich-Dichtung'* ("ego-lírico") e para as formas extensas. Utilizou, até o fim da vida, as técnicas futuristas, acentuando com ênfase a sua ligação ao movimento. Devido à diferença considerável entre os temas de Maiakóvski e os que eram usualmente adotados pelos outros poetas futuristas, alguns críticos afirmaram freqüentemente sua total independência em relação ao Futurismo: tal era a opinião de Górki e de Khodassiévitch[73] e de certos críticos soviéticos, incluindo alguns atuais.

Maiakóvski acentuou partes do programa futurista bem distintas das que foram acentuadas pelos *zaúmniki* ou mesmo por Khliébnikov. Estava menos interessado na teoria da "palavra em liberdade" (*slovo na svobódie, samovítoie slovo*) do que na questão da oficina poética, pronta para "executar qualquer tarefa". O material publicado no discutidísimo volume, *Litierátúrnoie nasliedstvo* (Herança Literária), traz uma declaração explícita de Maiakóvski em relação ao seu próprio programa:

"1) Consolidar a arte vocabular, como ofício da palavra, mas não como estilização estética e sim como capacidade de resolver na palavra qualquer problema. 2) Responder a qualquer problema proposto pela modernidade; para isto:

a) realizar trabalho com o dicionário (criação de palavras, instrumentação sonora, etc.),

b) substituir a métrica convencional dos iambos e coreus pela polirritmia da própria língua,

c) revolucionar a sintaxe (simplificação das formas de combinação das palavras, violência das construções inusitadas, etc.),

d) renovar a semântica das palavras e grupos de palavras,

e) criar exemplos de argumentos embasbacantes,

f) ressaltar a palavra-cartaz, etc."

Assim, Maiakóvski tomou dos futuristas a criatividade programática da palavra poética, a fixação na renovação da linguagem, mas para ele tudo isso deveria ter

(73) V. Khodassiévitch, *"O Maiakóvskom"* (Sobre Maiakóvski) in *Litieratúrnie stat'i i vospominánia* (Artigos literários e reminiscências), Editora Tchekhov (New York, 1954).

(74) *"Maiakóvski o futurismie"* (Maiakóvski sobre o futurismo), *Litieratúrnoie nasliedstvo Nóvoie o Maiakóvskom* (Herança literária, Novos materiais sobre Maiakóvski, — Moscou, 1958), p. 176.

um objetivo além da palavra em si mesma. Enquanto os "poetas transracionais" se concentraram no material lingüístico como sendo o tema em si, Maiakóvski aplicou suas experiências lingüísticas ao contexto social. Deste modo a temática revolucionária encontrou a mais forte expressão em sua poesia e mesmo os seus motivos mais pessoais são elevados a uma escala social e às vezes universal: "Segundo motivos particulares, sobre o cotidiano de todos".

Maiakóvski foi conhecido antes de tudo como um poeta que "rebaixou" a linguagem poética, dando-lhe uma forte infusão de coloquialismos e jargões citadinos. Introduziu em seus versos os ritmos da marcha e dos tambores. O objetivo disso era criar "a palavra objetual", "a palavra rude", isto é, fisicamente tangível, como os futuristas almejavam. Maiakóvski também procurou atingir esse propósito através das técnicas pictóricas. No começo ainda era a pintura impressionista, apoiada na poesia pela tradição simbolista. Seu primeiro poema publicado nesse estilo tinha o título de *Notch* (Noite):

NOITE

*Purpúreo e branco, amarfanhado, como ao léu,
no verde lançavam punhados de moedas,
e às negras palmas das janelas em tropel
distribuíam chamas de cartas amarelas.*

*À praça e às avenidas não era surpresa
nos edifícios deparar togas azuis.
E àqueles que corriam, como chagas vermelhas,
o fogo atava aos pés braceletes de luz.*

*A multidão — gato solerte, furta-cor —
flexível, deslizava ao chamariz das portas;
cada qual disputando um naco desse ror
sem fim de risadas fundidas como bolas.*

*Eu, à sedução de um vestido pata e garras,
puxava até seu rosto um sorriso; no guaio
de repiques de lata, negros gargalhavam,
enflorando na testa asas de papagaio.*

Os elementos do conhecido impressionismo simbolista são evidentes na descrição da cidade noturna através da mera sugestão. O que nos recorda muito a impessoalidade de Blok: "Ali — naquela rua, havia certa casa".

Categorias indefinidas e impessoais também dominam no poema de Maiakóvski. A primeira estrofe descreve algo que não é jamais definido, é assinalado apenas pela cor: "Purpúreo e branco", "verde" [cor]. A ação se expressa através da categoria impessoal: "No verde lançavam (...) moedas", "...às (...) palmas (...) distribuíam (...) catras (...)". Na estrofe seguinte temos um objeto impessoalizado:"... àqueles que corriam (...) o fogo atava aos pés braceletes de luz". Segue-se então o *collectivum* "a multidão" e outra vez o impessoal "cada qual". Todos os substantivos, exceto um ("o fogo"), aparecem em casos oblíquos, e o último substantivo pessoal no nominativo plural ("negros") se destaca por desempenhar uma ação "selvagem" inesperada: "... no guaio / de repiques de lata, negros gargalhavam / enflorando na testa asas de papagaio".

Toda a descrição se baseia em cores, que na primeira estrofe exercem uma função independente, tornando-se verdadeiros qualificativos só na estrofe seguinte: "negras palmas", "cartas amarelas", "gato (...) furta-cor". Finalmente, as estranhas "asas de papagaio", que "enflorando na testa", apresentam todo o conjunto de cores: um verdadeiro *finale*.

Assim, Maiakóvski se utiliza da técnica da pintura impressionista, em que a cor e o *chiaroscuro* exercem função primordial. Mas ao mesmo tempo já se podem observar muitos elementos que pertencem ao repertório futurista. O poema contém um tipo surpreendente de representação metonímica, consistindo em partes do corpo como palmas da mão, pés, patas ("palmas das janelas", "pés", "pata e garras"). Esse materialismo programático dos símbolos parece ter sido uma constante entre os futuristas e outras correntes similares. O volume poético de T. Peiper, poeta polonês do grupo *Awanguarda,* traz o título de *Nowe usta* (Novos lábios) e o próprio Maiakóvski usou freqüentemente esse mesmo símbolo: "Nas escamas de um peixe de estanho / li *lábios novos* chamando" ("Algum dia você poderia?"); no prólogo de "Uma nuvem de calças" diz de si mesmo ser "todo lábios". O último exemplo é a apresentação de um ser humano como uma criatura palpável, na representação mais fisiológica possível. Nessa mesma base tanto Maiakóvski quanto Khliébnikov se referem ao seu próprio corpo como "carne"; Maiakóvski em "Uma nuvem de calças" declara: "Mas eu (...) sou todo *carne*"; Kliébnikov em *Iránskaia piésnia* (Canção iraniana) diz: "... minha *carne* se fará poeira".

Na terceira estrofe do poema nossa atenção se desvia dos detalhes para o quadro coletivo da "multidão". Aqui se inicia a técnica futurista da imagem deslocada: "A multidão (...) / flexível, deslizava ao chamariz das portas". A multidão é mostrada como se estivesse sendo "dragada pelas portas" e assim a ação se desloca, passando do sujeito ativo para o objeto passivo. Esse é um tipo recorrente de imagem, particularmente no primeiro período de Maiakóvski em que "O mágico / puxa / da goela do bonde os trilhos" (*Iz úlitzi v úlitzu*, De rua em rua) ou "... vias que se encruzilham / à vista / de cruci- / fixos / polícias" (*Iá*, Eu). Deste modo Maiakóvski passou do Impressionismo ao Cubismo na poesia. Utilizou também, a seu modo, a técnica de "cortar palavras", já anunciada no manifesto *Slovo kak takovóie* (A palavra como tal), seguindo assim o princípio cubista de usar " partes do corpo" em vez do corpo inteiro:

> *Ru-*
> *as.*
> *As*
> *ru-*
> *gas dos*
> *dogues*
> *dos*
> *anos*
> *sona-*
> *dos.*
> *Nos cavalos de ferro*
> *das janelas das casas que correm*
> *saltaram os primeiros cubos.*
> (*De rua em rua*, tradução de Augusto de Campos)

O poeta pretende algumas vezes dar uma motivação "realista" para esse processo. Exemplo:

> *Disseram na calçada*
> *"cor-*
> *passou pelos pneus*
> *reio."*

(*V avtó*, No automóvel, trad. de Augusto de Campos)

151

Deste modo a palavra está "em liberdade" porque as suas partes funcionam no mesmo nível do conjunto. A mesma operação se torna ainda mais efetiva quando se combina com a rima:

> *As per-*
> *nas: e ter-*
> *nas lan-*
> *ternas*
> *tíbias* (...)

ou ainda:

> *Ru-*
> *as.*
> *As*
> *ru-*
> *gas* (...)

A questão do acento se torna muito aguda nesses casos e contribui para a percepção mais nítida do fenômeno. De fato, aqui nos defrontamos com uma total indiferença quanto à colocação do acento. Uma palavra acentuada rima com a parte não-acentuada de outra palavra, ou então, durante a declamação do poema, o acento é desviado arbitrariamente para a parte não-acentuada da palavra. Vários anos depois, no poema "150 000 000":

> *Colosso após colosso*
> *imemoravelmente imóveis*
> *desde as adâmicas idades*
> *moveram-se,*
> *e sobrepostos*
> *outros*
> *disparam,*
> *velozes,*
> *fazendo ribombar cidades.*

o poeta, sem cortar palavras, apenas desviou o acento (no original, *makhiná,* "colosso", rima com *í na,* "e sobre", tendo o poeta deslocado o acento do *na* para o *í*). A rima de Maiakóvski é o ponto focal de várias características de sua poética. A literatura sobre a questão é ampla demais para ser aqui resumida. Deve-se apenas sublinhar o fato de que Maiakóvski cumpre o programa das "palavras em liberdade" principalmente através da estrutura da rima. Como já vimos, ele modificou o princípio da acentuação; atingiu também a redução máxima de vogais não-acentuadas a fim de fornecer um equivalente para a seqüência próxima com um número menor de vogais:

> *prízvani*   *láskie*   *okléivai*
> *kapríznoi*   *klássiki* *liévai*

Maiakóvski aboliu praticamente a classificação tradicional das rimas, já que uma cadência feminina pode ser considerada equivalente a uma datílica. A base da rima é a justaposição fonológica de seqüências em que o critério de equivalência é a redução de vogais. A rima composta de Maiakóvski é do mesmo caráter.

Sendo particularmente sensível a todos os fatores do ritmo, Maiakóvski utilizou os valores fonológicos da acentuação russa mais intensamente do que qualquer outro poeta. Em primeiro lugar, justapôs freqüentemente duas palavras morfologicamente equivalentes, mas diferenciadas pelo acento:

> *Za vsiékh rasplatchús*
> *Za vsiékh rasplátchus* (...)
[(Por todos pagarei / Por todos chorarei (...)]
> *Pro eto,* Sobre isto)

ou:
> *Tchudnó tcheloviéku v Tchicago,*
> *Tchudnó tcheloviéku i tchúdno* (...)
> [O homem se sente estranho em Chicago, / estranho e maravilhoso (...)] (150 000 000)

A justaposição de tais palavras no contexto poético revela o seu quase parentesco semântico, suas "etimologias poéticas". As mesmas etimologias poéticas surgem na justaposição de pares mínimos que Khliébnikov chamou de "declinação interna" (*vnútrienieie skloniênie*):

> *Nach bog bieg,* (Nosso deus é a corrida)
> ....
> *Rádosti piéi, pói!* (Bebe alegrias, canta!)
> ....
> *Sierdtze biéi boi!* (Coração, bate a combate!)
> (*Nach march,* Nossa marcha)

Um dos fenômenos mais interessantes da poética de Maiakóvski está nos seus famosos "ritmos de tambores" (*"barabánie rítmi"*) e estilizações de marcha em geral, entusiasticamente seguidos pelo futurista "mais jovem" Nicolai Assiéiev. É uma manifestação muito clara da "seqüência sonora pesada" (*"tiajóli zvukoriád"* de Krutchônikh) que se realiza através de meios fonéticos e rítmicos. Foneticamente, são simples aliterações de sons consonantais que os futuristas colocaram em oposição aos padrões "melodiosos" das vogais na poesia simbolista. Do ponto de vista do ritmo, encontramos, no original, uma tendência para o espondeu:

> *Troa na praça o tumulto!*
> *Altivos pincaros — testas!*
> *Águas de um novo dilúvio*
> *lavando os confins da terra.*
>
> *Touro mouro dos meus dias.*
> *Lenta carreta dos anos.*
> *Deus? Adeus. Uma corrida.*
> *Coração? Tambor rufando.*
>
> (*Nach march*, Nossa marcha)
>
> *Balas, que abalam*
> *Como martelos!*
> *Rugem, retalham*
> *Os parabelluns!*
> . . . .
> *A fogo*
>   *a ferro*
>   *à fúria*
>   *à febre!*
> *rasga*
>   *rapa*
>   *ripa*
>   *derruba!*
>
> ("150 000 000")

Às vezes, se volta para uma onomatopéia relativamente pura, como no famoso trecho do mesmo poema:

> *Passa por*
>   *patrões e banhos.*
> *Tambor, rataplã!*
>   *Rataplã, rataplã!*
>   *Houve escravos!*
>   *Houve patrões!*
> *Bate-barões!*
>   *tambor rataplã!*
>   *Rataplã!*
> . . . .

Pão — pão!
  Batido o barão!
   Bate!
   Rebate!
    Bate o tambor!
Plã!
 Plã!
   Rataplã!

Outro modo de marcha rítmica foi tentado com sucesso no poema Khorochó! (Que bom!):

> *Marcho*
> *a compasso*
> *a ritmo-passo:*
> *teus*
> *ini-*
> *migos*
> *são*
> *meus*
> *ini-*
> *migos.*

O princípio do corte de palavras foi repetido aqui, mas com uma nova motivação: a primazia do ritmo de marcha sobre a palavra é fortemente acentuada. Além do mais, existe ainda outro plano de motivação: o poeta se ajusta à marcha de que fala ("marcho / a compasso / a ritmo-passo") e se identifica com a sua tendência ("teus / ini- / migos / são / meus / ini- / migos").

Essa forte inclinação para as estilizações da marcha revela dois princípios futuristas: operar poeticamente com uma "estrutura pesada" da palavra e a aplicação da oficina poética à "tarefa" do dia.

Maiakóvski não só se utiliza habilidosamente de sua oficina poética, explorando todas as suas possibilidades, como também escreve sobre isso. Escrever sobre o ato de escrever, prática datada da época de Púchkin, tornou-se um hábito com Maiakóvski e em seguida uma prática comum da poesia moderna, para citar apenas o maior poema de Tuwim, *Kwiaty polskie*. Mas, enquanto em Púchkin isso tinha habitualmente um caráter jocoso — o poeta "divertia-se com o código" —, Maiakóvski era muito sério em relação ao assunto. A maior parte das vezes foi uma declaração da simplicidade e rudeza e do caráter beligerante de sua poesia. É muito freqüente encontrar-se uma comparação entre a poesia e as armas: "Quero que igualem a pena à baioneta", exclama o poeta no poema *Domói!* (Para casa!) e utiliza-se muitas vezes desta particular comparação:

Porém
se eu falo
"A"
este "a"
é uma trombeta-alarme para a Humanidade.
Se eu falo
"B,'
é uma nova bomba na batalha do homem.

(*Piáti internatzional*, V Internacional; tradução de Augusto de Campos)

Bala — ritmo
 Rima — fogo,
  de edifício a edifício.
....
Com rotativa de passos
 no vergê das praças pétreas
  esta edição foi impressa.
                    ("150 000 000")

Para nós,
       a rima
           é um barril.
Barril de dinamite.
           O verso, um estopim.
A linha se incendeia
               e quando chega ao fim
explode
       e a cidade em estrofe
              voa em mil.

(*Razgovor s fininspéctorom...*, Conversa sobre poesia com o fiscal de rendas, trad. de Augusto de Campos)

Desdobro minhas páginas
                  — tropas em parada,
e passo em revista
          o "front" das palavras.
Estrofes estacam
          chumbo-severas,
....
Poemas-canhões,
           rígida coorte,
apontando
     as maiúsculas
        abertas
           (*Vo viés golos*, A plenos pulmões)

156

Portanto, Maiakóvski aplicou de modo muito amplo os princípios futuristas, escolhendo aqueles que pudessem ajudar a "produzir arte socialista" que "era impossível de ser produzida" com a utilização dos velhos métodos.[75] E o grupo dos jovens poetas — Assiéiev, Kirsanov, Kuchnier e outros — juntaram-se em torno dele porque também acreditavam que a coincidência entre arte revolucionária e estado revolucionário é tão natural e harmoniosa como um simples acorde musical. Com sinceridade absoluta intitularam-se de "comunistas-futuristas" em 1918, e nos anos 1923-1928 continuaram lutando pela "Frente Esquerda das Artes" juntamente com Maiakóvski.

---

(75) Maiakóvski, *Iá sam* (Eu mesmo). *Obras completas*, I (Moscou 1955), p. 9.

CONCLUSÕES

Resumindo as nossas observações, sublinharemos a *analogia* entre as teorias formalistas e a prática poética de então, destacando particularmente a função do Futurismo como *modelo direto* para o círculo da *Opoiaz*. Tentaremos estabelecer os *conceitos básicos* que transpiram desta tese.

As teorias antigenéticas e antipsicológicas da *Opoiaz* encontram uma base prática adequada na poesia futurista. A poesia da metonímia, poesia que lança a *mensagem* sem levar em conta o emitente e mesmo *sem qualquer emitente*, forneceu um apoio seguro para o conceito formalista da *literatura como produto*. Nesse sentido, é relevante citar o *slogan* "a história literária sem nomes", professado principalmente por Eikhenbaum, que encontra um paralelo direto não só no próprio material poético dos futuristas, mas também no seu programa da "poesia sem nomes" e na sua rejeição da "fama literária" (Maiakóvski, Assiéiev). Daí a reavaliação de todo o problema da "literatura e biografia" pelos formalistas, principalmente nas obras de Tomachévski, parcialmente nas de Jakobson,[1] em que os autores tentam observar com novos olhos as delimitações e a interdependência desses dois fatores.

É bastante característico o fato de que os estudiosos da *Opoiaz* nunca tenham tido realmente sucesso em criar uma teoria da prosa, mas tenham transportado a experiência da poesia para a análise da prosa. Isso se deve ao fato de que o modelo próprio de suas generalizações era a poesia.

Ao invés do "herói coletivo" da vanguarda poética polonesa, que enche os versos de Peiper e Młodożeniec de triunfantes "marchas da paz" (p. ex. o *Hymn pokoju*, Hino à paz, de St. Młodożeniec) ou de valsas festivas, o futurismo russo tinha como "únicos heróis" a *palavra* e o *som*. Daí que tenham aparecido na crítica literária polonesa teorias contendo a noção de "mundo apresentado" (Ingarden) ou "realidade fictícia" (Kridl). O formalismo russo não reconhece tais categorias porque o seu modelo, a poesia futurista, não pretende criar qualquer realidade, seja naturalista ou transcendental. Aqui a palavra é a única "coisa".

Existem duas teses no Futurismo a respeito do tema e do objeto da poesia: em primeiro lugar existe o conceito do *material sonoro*, de fonemas particularmente escolhidos e de palavras particularmente organizadas ("linguagem transracional"), como *o único objeto, tema e "personagem" da poesia* (*zaúmniki*). Isso é retirado da teoria geral do Cubismo e de sua prática inicial em que os quadros apresentavam uma superfície de objetos disfarçados, o que é definido no manifesto futurista

---

(1) Cf. Tomachévski, *Litteratura i biográfia*, op. cit., e *Púchkin, Sovriemiênie problêmi istórico-litieratúrnovo izutchênia* (Púchkin, problemas atuais do estudo histórico-literário — Leningrado, 1925); também R. Jakobson, *Socha v symbolice Puškinově, Slovo a slovesnost*, III (1937), 2-24.

como uma "superfície com rebarbas, muito ásperas".[2] O *material* da poesia compreende "sons pesados", isto é, fonemas particularmente escolhidos, principalmente consoantes "difíceis" ("ainda existem boas letras, *erre, cha, chcha*"). Recorde-se que, na pesquisa desse material, os futuristas chegaram a utilizar os modelos sonoros das línguas turcas (Krutchônikh, Kamiênski). O próprio *material* exerce a função "expressiva" na poesia; conseqüentemente, não há oposição entre o *material* e a *forma*, já que *os dois são igualados*. Em vez disso os futuristas se ocuparam em suas polêmicas da oposição entre o par: "mimético" (imitativo, pleno de "objetalidade") e "não-mimético" ("sem objetalidade").

Chegamos agora à analogia mais interessante entre esse aspecto particular da poesia futurista e a teoria inicial da Opoiaz sobre a linguagem poética. Como vimos, a linguagem poética era o único assunto de seus estudos e era definida como a linguagem do material especialmente selecionado: suas sonoridades possuiriam uma particular expressividade fonética. A pesquisa da *natureza desse material* ocupa o primeiro volume de *Sbórniki po teórii poetítcheskovo iaziká* (Coletâneas de teoria da linguagem poética, 1916). Os estudiosos da *Opoiaz* consideravam a expressividade como algo indubitavelmente presente no *aspecto fisiológico* dos fonemas, desenvolvendo a partir disso a teoria do *gesto sonoro* (Eikhenbaum, Chklóvski); esforçaram-se, ademais, por encontrar atributos específicos do material fônico no campo da *percepção* (Iakubínski). De qualquer modo, durante a primeira fase de seu desenvolvimento, os formalistas estavam muito preocupados com a *matéria bruta da poesia e sua natureza* e tentaram encontrar uma resposta para a pergunta "que é poesia?", através da definição do seu material específico. Portanto, é inadequado afirmar que a essência das investigações do grupo da *Opoiaz* era a pesquisa das relações entre as partes, isto é, a análise estrutural.[3] Isso constituiu ape-

(2) "A palavra como tal".
(3) Ponto de vista semelhante é representado em obras recentes como Tzvetan Todorov, "L'héritage méthodologique du Formalisme", *L'Homme*, jan.-março de 1965, e Anna Wierzbicka "Rosyjska szkola poetyki lingwistycznej a językoznawstwo strukturalne", *Pamiętnik Literacki*, Zeszyt (1965).

nas a fase seguinte do seu desenvolvimento, marcada principalmente pelas obras pioneiras de Tinianov e Propp em meados da década de 20 (a obra de Tinianov, *Problema stikhotvórnovo iaziká*, O problema da linguagem poética, apareceu em 1924, e as duas obras de Propp, *Transformátzii volchébnikh skázok*, Transformação dos contos de magia, e *Morfológuia skázki*, Morfologia do conto popular, em 1928). Apenas esse período pode ser chamado de pré-estruturalista, porque aqui o problema das relações se torna axial e o problema do material se torna, se não irrelevante, pelo menos secundário (como na noção de Tinianov da *deformação do material da linguagem*).

O problema da afinidade entre as partes e o conjunto é paralelo a outro aspecto da poesia futurista em que, como no Cubismo, o principal papel cabe à relação partes-conjunto em todos os níveis. Lembremos o manifesto *Slovo kak takovóie* (A palavra como tal) e sua declaração:

"... os pintores futuristas gostam de utilizar fragmentos de corpos, cortes, enquanto que os inventa-línguas futuristas amam as palavras retalhadas, cortadas pelo meio, e suas combinações retorcidas e bizarras (...)"

Além dos níveis léxicos e sintáticos, em que a elipse é tão freqüente, as partes exercem uma função decisiva na composição. Maiakóvski, por exemplo, utiliza "fragmentos" em todos os aspectos da composição do seu poema *Pro eto* (Sobre isto): o poema é politemático e polirrítmico, contendo também citações de outros escritores. Todas essas propriedades criam uma peculiar composição de montagem, em que não existe seqüência linear direta, seja no tempo em que se desenvolve, seja no assunto tratado. O resultado disso são "pedaços" poéticos, difusa construção de fragmentos ligados pela personagem lírica, também decomposta: há um herói e há o seu duplo.

O poema de Khliébnikov *Zanguézi* foi construído de "fragmentos independentes, cada um com seu próprio deus, sua própria fé e seu próprio código"[4], segundo declarações do próprio autor. A mesma atitude em

(4) V. Khliébnikov, *Obras reunidas* II, p. 317. Citação tirada de V. Markov, *Os poemas mais longos de Khliébnikov*.

relação aos "fragmentos" que tomam o lugar de "conjuntos" finitos explica os finais abruptos de Khliébnikov (como ocorre em *Juravl, O grou*). Construções que elaboram e expressam claramente começos e fins pertenceram sempre à maneira mimética ("realística") de escrever. Os futuristas destroem esta maneira de todos os modos possíveis. O final abrupto não é, portanto, um "erro", uma falha, como V. Markov tentou interpretar[5], mas um consciente objetivo artístico. A mesma idéia de misturar "fragmentos" ao acaso é precursora da técnica de Khliébnikov de combinar linhas de prosa e verso, como no poema *Chaman i Vieniera* (O xamã e Vênus).

Deveríamos também lembrar o *Kon Prjeválskovo* de Khliébnikov, analisado na Parte III deste livro, em que o poeta opera com partes relacionadas a conjuntos, processos de representação metonímica da poesia futurista em geral. Esse aspecto particular do Futurismo não coloca a ênfase sobre a poesia "sem objeto", mas sobre o objeto "estranhado" ou "objeto deslocado" (*sdvig, sdvínuti priedmiét*), correspondendo ao problema do "estranhamento" (*ostraniênie*) na teoria formalista e também à atitude formalista em relação ao *objeto como material* da literatura (cf. *Matierial i stil v românie L. Tolstovo "Voiná i mir"*, Material e estilo no romance "Guerra e Paz" de L. Tolstói, por Chklóvski).

A orientação geral para a metonímia na poesia futurista forneceu considerável apoio para a luta da *Opoiaz* contra a metáfora como meio de representação. A "sonoridade pura" por um lado e as "partes de conjuntos" por outro constituíram a rejeição da representação metafórica, identificada, na frase de Pasternak comentando a poesia de Krutchônikh, como uma "reminiscência de conteúdos" já ultrapassada.

Concluindo, acentuemos que o simbolismo russo preparou o caminho para a orientação sonora do Futurismo. Criando a "poesia como música" e a "poesia de nuances", os simbolistas auxiliaram a destruir a "poesia como pensamento em imagens". Por sua vez, os futuristas se descartaram do misticismo filosófico de seus antecessores e colocaram em seu lugar uma abordagem poética poderosamente **técnica.**

(5) Markov, *op. cit.*

BIBLIOGRAFIA SELECIONADA

Аксенов, И. А., "К ликвидации футуризма", *Печать и революция*, кн. 3 (1921).
Арватов, Б., "Синтаксис Маяковского", *ibid.*, кн. 1 (1923).
Асеев, Н., *Оксана* (1916)
——, *Изоморозь* (1927).
Асмус, В., "Философ эстетика русского символизма", *Литературное наследство* (Москва, 1937).
Бальмонт, К., "Элементарные слова о символической поэзии", *Литературные манифесты* (Москва, 1929).
Белый, А., "Критицизм и символизм", *Весы*, № 2 (1904).
——, "О символизме", *Труды и дни*, № 2 (1912).
——, "Смысл искусства", *Весы* (1909).
——, "Магия слов", *Символизм* (Москва, 1910).
——, Первое свидание, *Петербург* (1921).
——, *Глоссалолия* (Берлин, 1922).
——, *Ритм как диалектика и "Медный всадник"* (Москва, 1929).
Блок, А., "О современном положении русского символизма", *Аполлон*, 8 (1910).
Бреитбург, С., "Сдвиг в формализме", *Литература и марксизм*, I (Москва, 1929).
Брик, О., "Звуковые повторы", *Сборники по теории поэтического языка* (Петербург, 1919).
——, "Ритм и синтаксис", *Новый леф*, 3-6 (1927).

Брюсов, В., "Истины. Начала и намеки", *Литературные манифесты* (Москва, 1929).
——, "Ключи тайн", *Весы*, № 1 (1904).
Бухарин, Н., "О формальном методе в искусстве", *Красная новь*, № 3 (1925).
Виноградов, В., "Сюжет и композиция повести Гоголя 'Нос'", *Начала*, № 1 (1921).
——, "О символизме Анны Ахматовой", *Литературная мысль*, I (Петроград, 1922).
——, "О задачах стилистики (Наблюдения над стилем *Жития протопопа Аввакума*)", *Русская речь* (1923).
——, *О поэзии Анны Ахматовой (Стилистические наброски)* (Ленинград, 1925).
——, *Этюды о стиле Гоголя* (Ленинград, 1926).
——, *О художественной прозе* (Москва-Ленинград, 1930).
——, *Язык Пушкина* (Москва-Ленинград, 1935).
——, *Стиль Пушкина* (Москва, 1941).
Вальцель, О., *Проблема формы в поэзии.* Авторизованный перевод с немецкого. М. Л. Гурфинкель (Петроград, 1923).
Винокур, Г., "Футуристы — сторители языка", *Леф*, № 1 (1923).
——, "Хлебников", *Русский современник*, 4 (1924).
——, "Речевая практика футуристов", *Культура языка* (Москва, 1929).
——, *Маяковский — новатор языка* (Сов. Пис., 1943).
——, "Понятие поэтического языка", *Избранные работы по русскому языку* (Москва, 1959).
Волошинов, В. Н., *Марксизм и философия языка* (Ленинград, 1930).
Волынский, А. С., "Декадентство и символизм", *Литературные манифесты* (Москва, 1929).
Выготский, А. С., "Мысль и слово", *Избранные психологические исследования* (1956).
——, *Психология искусства* (Москва, 1965).
Гинзбург, Л., "Опыт философской лирики", *Поэтика*, V (Ленинград, 1929).
——, *О лирике* (Москва-Ленинград, 1964).
Гофман, В., "Язык символистов", *Литературное наследство* (1937).
Гриц, Б., *Творчество Шкловского* (Баку, 1927).
Гумбольдт, В., *О различии организмов человеческого языка* (СПб., 1859).
Гумилев, Н. С., "Наследие символизма и акмеизм", *Аполлон*, № 1 (1913).
Ефимов, Н. И., *Формализм в русском литературоведении* (Москва-Ленинград, 1925).
Жирмунский, В. М., *Поэзия Александра Блока* (Петроград, 1921).
——, "Задачи поэтики", *Начала*, № 1 (1921).
——, *Рифма, ее история и теория* (Петроград, 1923).
——, *Введение в метрику* (Ленинград, 1925).
——, *Вопросы теории литературы* (Ленинград, 1928).
Иванов, В., *Кормчие звезды* (СПб., 1903).
——, "Мысли о символизме", *Труды и дни*, № 1.
——, *Борозды и межи* (Москва, 1916).
Иванов-Разумник, "Душа футуризма", *Книга и революция*, № 7 (1921).
Кроче, Б., *Эстетика как наука о выражении и как общая лингвистика.* Перевод В. Яковенко (Москва, 1920).
Крученых, А., *Сдвигология русского стиха* (Москва, 1923).
——, *Фактура слова* (Москва, 1923).
——, *Фонетика театра* (Москва, 1925).
——, *Черт и речетворцы*.
——, *15 лет русского футуризма* (Москва, 1928).
Курилович, Е., "Заметки о значении слова", *Вопросы языкознания*, № 3 (1955).
Кушнер, Б., *Митинг дворцов* (Петроград, 1918).
Ларин, Б. А., "О лирике как разновидности художественной речи", *Русская речь*, Новая серия, 1 (Ленинград, 1927).
Лотман, Ю. М., *Лекции по структуральной поэтике*, Труды по знаковым системам, I (Тарту, 1964).
Мандельштам, О., "Утро акмеизма", *Литературные манифесты* (Москва, 1929).

——, "О природе слова", *Собрание сочинений* (Нью-Йорк, 1955).
Маяковский, В., "Капля дегтя", *Взял* (1915).
——, *Полное собрание сочинений* в тринадцати томах (Москва, 1955-1961).
Мережковский, Д., "О причинах упадка и о новых течениях современной русской литературы", *Литературные манифесты* (Москва, 1929).
Мочульский, К., "Классицизм в современной русской поэзии", *Современные записки*, т. XI (1922).
——, *Александр Блок* (Париж, 1948).
——, *Андрей Белый* (Париж, 1959).
Недоброво, Н. В., "Анна Ахматова", *Русская мысль*, № 7 (1915).
Оцуп, Н., "Н. С. Гумилев", Н. Гумилев, *Избранное* (Париж, 1959).
Пастернак, Б., "Черный бокал", *Центрифуга*, № 2 (1916).
Петровский, Дм., "Воспоминания о Велемире Хлебникове", *Леф*, № 1 (1923).
Пешковский, А. М., *Русский синтаксис в научном освещении* (1928).
Пиксанов, Н. К., "Новый путь литературной науки", *Искусство*, № 1 (Москва, 1923).
Сологуб, Ф., *Небо голубое* (Ревель).
Третьяков, С., "Откуда и куда", *Леф*, № 1 (1923).
Томашевский, Б., "Литература и биография", *Книга и революция*, № 4 (1923).
——, *Русское стихосложение* (Петроград, 1923).
——, *О стихе* (Ленинград, 1929).
——, *Стих и язык* (Москва-Ленинград, 1959).
Тренин, В., *В мастерской стиха Маяковского* (Москва, 1937).
Тынянов, Ю., *Проблема стихотворного языка* (Ленинград, 1924).
——, "Ода как ораторский жанр", *Поэтика*, III (Ленинград, 1927).
——, *Архаисты и новаторы* (Ленинград, 1929).
Тынянов, Ю., Якобсон, Р., "Проблемы изучения литературы и языка", *Новый Леф*, № 12 (1928).
Харджиев, Н., "Маяковский и живопись", *Маяковский. Материалы и исследования* (Москва, 1940).
——, "Заметки о Маяковском", *Новое о Маяковском. Литературное наследство* (Москва, 1958).
Хлебников, В., *Собрание произведений Велимира Хлебникова* (Издательство Писателей в Ленинграде, 1929-1933).
——, "О стихах", т. 5.
——, "О современной поэзии", *ibid*.
——, *Стихотворения и поэмы* (Ленинград, 1960).
Шкловский, В., "О поэзии и заумном языке", *Сборники по теории* ... (1919).
——, "Искусство как прием", *ibid*.
——, *Розанов* (Петроград, 1921).
——, *Ход коня* (Москва-Берлин, 1923).
——, *О теории прозы* (Москва, 1925).
——, *Материал и стиль в романе Льва Толстого "Война и мир"* (Москва, 1928).
——, *О Маяковском* (Москва, 1940).
Шпет, Г., *Внутренняя форма слова* (Москва, 1927).
Щерба, Л., "Опыты лингвистического толкования стихотворений, I, 'Воспоминание' Пушкина", *Русская речь*, I (Петроград, 1923).
Эйхенбаум, Б., "Как сделана 'Шинель' Гоголя", *Сборники по теории* ... (1919).
——, *Анна Ахматова (Опыт анализа)* (Петроград, 1923).
——, *Сквозь литературу* (Ленинград, 1924).
——, *Литература (Теория, критика, полемика)* (Ленинград, 1927).
Якобсон, Р., "Футуризм", *Искусство*, № 7 (1919).
——, *О художественном реализме* (Czech translation, *Červen*, IV, 1921).
——, *Новейшая русская поэзия. Набросок первый* (Прага, 1921).
——, *О чешском стихе преимущественно в сопоставлении с русским* (Берлин, 1923).
——, *К характеристике евразийского языкового союза* (Париж, 1931).
Якубинский, Л., "О диалогической речи", *Русская речь*, I (Петроград, 1923).
Ярхо, Б., "Границы научного литературоведения", *Искусство*, II.

Bowra, C. M., "The Futurism of Vladimir Mayakovsky", *The Creative Experiment* (London, 1949).

——, "Boris Pasternak", *ibid*.

Cassirer, E. A., "Structuralism in Modern Linguistics", *Word*, 1 (1945).

Chwistek, L., *Wielość rzeczywistości w sztuce i inne szkice literackie* (Warszawa, 1960).

Clough, Trillo R., *Looking Back at Futurism* (New York, 1942).

Dilthey, W., *Einleitung in die Geistwissenschaften* (Berlin, 1883).

Donchin, G., *The Influence of French Symbolism on Russian Poetry* ('s-Gravenhage, 1958).

Durkheim, E., *The Rules of Sociological Methodes* (Glencoe, Illinois, 1950).

Erlich, Victor, "Russian Poets in Search of a Poetics", *Comparative Literature*, 4 No. 1 (1952).

——, "Limits of the Biographical Approach", *Comparative Literature*, 6, No. 2 (1954).

——, "Russian Formalism — in Perspective", *The Journal of Aesthetics and Art Criticism*, 13, No. 2 (1954).

——, *Russian Formalism* ('s-Gravenhage, 1955)

——, *The Double Image* (1964).

Forster, E. M., *Aspects of the Novel* (New York, 1927).

Halle, M., *Questions of Linguistics* (Bologna, 1959).

Harkins, William E., "Slavic Formalist Theories in Literary Scholarship", *Word*, 7 (1951).

Husserl, E., *Logische Untersuchungen* (Halle, 1913).

Ingarden, R., *O dziele literackim* (Warszawa, 1933).

Jakobson, R., "Randbemerkungen zur Proza des Dichters Pasternak", *Slavische Rundschau*, 7 (1935).

——, Halle, M., *Fundamentals of Language* ('s-Gravenhage, 1956).

——, "Linguistics and Poetics", *Style in Language* (edited by T. A. Sebeok) (New York, 1960).

Kaplan, A., "Referential Meaning in the Arts", *The Journal of Aesthetics and Art Criticism*, 12 (1954).

Kridl, M., *Wstęp do badań nad dzielem literackim* (Wilno, 1936).

——, "Russian Formalism", *The American Bookman*, 1 (1944).

——, "The Integral Method of Literary Scholarship: Theses for Discussion", *Comparative Literature*, Vol. III, No. 1 (Winter, 1951).

Kuryłowicz, J., "Język poetycki ze stanowiska lingwistycznego", *Esquisses linguistiques* (Wrocław-Kraków, 1960).

Lehman, A. G., *The Symbolist Aesthetic in France* (Oxford, 1950).

Lemaître, Georges, *From Cubism to Surrealism in French Literature* (Cambridge, Mass., 1947).

Łempicki, Z., "Teoria ewolucji w historii literatury", *Pamiętnik warszawski* (1930).

——, "Forma i norma", *Prace ofiarowane Kazimierzowi Wóycickiemu. Z zagadnień poetyki*, 6 (Wilno, 1937).

——, "Zagadnienie stylu", *Z zagadnień stylistyki*, 1937 (Wilno).

Mayenowa, M. R., *Poetyka opisowa* (Warszawa, 1949).

Maslenikov, Oleg A., "Spectre of Nothingness: The Private Element in the Poetry of Zinaida Hippius", *The Slavic and East European Journal*, nr. 6 (1960).

——, *Anthology of Russian Symbolist Poetry* (Mimeographed) (1961).

Novotny, F., "'Co je metonymie?" *Listy filologické*, 4, No. 1 (1901).

Poe, E. A., "The Philosophy of Composition", *The Complete Poems and Stories of E. A. Poe* (New York, 1951).

Richards, I. A., *Principles of Literary Criticism* (New York-London, 1924).

Saussure, F. de, *Cours de linguistique générale* (Paris, 1949).

Schmeller, A., *Cubism* (New York, n.d.).

Siedlecki, Fr., "O nowych badaniach nad budową wiersza", *Język polski*, 25 (1945).

Sławiński, J., Okopień, A., "O Fr. Siedleckim i polskim formalizmie", *Twórczość*, No. 10 (1960).

Stankiewicz, E., "Linguistics and the Study of Poetic Language", *Style in Language* (edited by T. A. Sebeok) (New York, 1960).

Troczyński, K., *Zagadnienia dynamiki poezji* (Poznań, 1934).
Wellek, R., Warren, A:, *Theory of Literature* (New York, 1949).
Wellek, R., *Concepts of Criticism* (New Haven-London, 1963).
Windelband, W., *A History of Philosophy* (translated by J. H. Tuft) (New York, 1901).
Wölfflin, H., *Principles of Art History*.

CRÍTICA NA PERSPECTIVA

Texto/Contexto I
  Anatol Rosenfeld (D007)

Kafka: Pró e Contra
  Günter Anders (D012)

A Arte no Horizonte do Provável
  Haroldo de Campos (D016)

O Dorso do Tigre
  Benedito Nunes (D017)

Crítica e Verdade
  Roland Barthes (D024)

Signos em Rotação
  Octavio Paz (D048)

As Formas do Falso
  Walnice N. Galvão (D051)

Figuras
  Gérard Genette (D057)

Formalismo e Futurismo
  Krystyna Pomorska (D060)

O Caminho Crítico
  Nothrop Frye (D079)

Falência da Crítica
  Leyla Perrone Moisés (D081)

Os Signos e a Crítica
  Cesare Segre (D083)

Fórmula e Fábula
  Willi Bolle (D086)

As Palavras sob as Palavras
  J. Starobinski (D097)

Metáfora e Montagem
  Modesto Carone Netto (D102)

Repertório
  Michel Butor (D103)

Valise de Cronópio
  Julio Cortázar (D104)

A Metáfora Crítica
  João Alexandre Barbosa (D105)

Ensaios Críticos e Filosóficos
Ramón Xirau (D107)

Escrito sobre um Corpo
Severo Sarduy (D122)

O Discurso Engenhoso
Antonio José Saraiva (D124)

Conjunções e Disjunções
Octavio Paz (D130)

A Operação do Texto
Haroldo de Campos (D134)

Poesia-Experiência
Mario Faustino (D136)

Borges: Uma Poética da Leitura
Emir Rodriguez Monegal (D140)

As Estruturas e o Tempo
Cesare Segre (D150)

Cobra de Vidro
Sergio Buarque de Holanda (D156)

O Realismo Maravilhoso
Irlemar Chiampi (D160)

Tentativas de Mitologia
Sergio Buarque de Holanda (D161)

Dos Murais de Portinari aos Espaços de Brasília
Mário Pedrosa (D170)

O Lírico e o Trágico em Leopardi
Helena Parente Cunha (D171)

Arte como Medida
Sheila Leirner (D177)

Poesia com Coisas
Marta Peixoto (D181)

A Narrativa de Hugo de Carvalho Ramos
Albertina Vicentini (D196)

As Ilusões da Modernidade
João Alexandre Barbosa (D198)

Uma Consciência Feminista: Rosário Castellanos
Beth Miller (D201)

O Heterotexto Pessoano
José Augusto Seabra (D204)

O Menino na Literatura Brasileira
Vânia Maria Resende (D207)

Analogia do Dissimilar
Irene A. Machado (D226)

O Bom Fim do Shtetl: Moacyr Scliar
Gilda Salem Szklo (D231)

O Bildungsroman Feminino: Quatro Exemplos Brasileiros
Cristina Ferreira Pinto (D233)

Arte e seu Tempo
Sheila Leirner (D237)

O Super-Homem de Massa
Umberto Eco (D238)

Borges e a Cabala
Saúl Sosnowski (D240)

Metalinguagem & Outras Metas
Haroldo de Campos (D247)

Ironia e o Irônico
D. C. Muecke (D250)

Texto/Contexto II
Anatol Rosenfeld (D254)

Thomas Mann
Anatol Rosenfeld (D259)

O Golem, Benjamin, Buber e Outro Justos: Judaica I
Gershom Scholem (D265)

O Nome de Deus, a Teoria da Linguagem e Outros Estudos de Cabala e Mística: Judaica II
Gershom Scholem (D266)

O Guardador de Signos
Rinaldo Gama (D269)

O Mito
K. K. Rutheven (D270)

O Grau Zero do Escreviver
José Lino Grünewald (D285)

Marcel Proust: Realidade e Criação
Vera de Azambuja Harvey (D310)

O Poeta e a Consciência Crítica
Affonso Ávila (D313)

Mimesis
Erich Auerbach (E002)

Morfologia do Macunaíma
Haroldo de Campos (E019)

Fernando Pessoa ou o Poetodrama
José Augusto Seabra (E024)

Uma Poética para Antonio Machado
Ricardo Gullón (E049)

Poética em Ação
Roman Jakobson (E092)

Acoplagem no Espaço
Oswaldino Marques (E110)

Sérgio Milliet, Crítico de Arte
Lisbeth Rebollo Gonçalves (E132)

Em Espelho Crítico
Robert Alter (E139)

A Política e o Romance
Irving Howe (E143)

Crítica Genética e Psicanálise
Philippe Willemart (E214)

A Morte da Tragédia
George Steiner (E228)

Ibsen e o Novo Sujeito da Modernidade
Tereza Menezes (E229)

Tolstói ou Dostoiévski
George Steiner (E238)

Os Processos de Criação na Escritura, na Arte e na Psicanálise
Philippe Willemart (E264)

O Idioma Pedra de João Cabral
Solange Rebuzzi (E280)

O Prazer do Texto
Roland Barthes (EL02)

Ruptura dos Gêneros na Literatura Latino-americana
Haroldo de Campos (EL06)

Projeções: Rússia/Brasil/Itália
Boris Schnaiderman (EL12)

O Texto Estranho
Lucrécia D'Aléssio Ferrara (EL18)

Duas Leituras Semióticas
Eduardo Peñuela Cañizal (EL21)

Oswald Canibal
Benedito Nunes (EL26)

Mário de Andrade/Borges
Emir R. Monegal (EL27)

A Prosa Vanguardista na Literatura Brasileira: Oswald de Andrade
Kenneth D. Jackson (EL29)

Estruturalismo: Russos x Franceses
N. I. Balachov (EL30)

Céu Acima – Para um Tombeau de Haroldo de Campos
Leda Tenório da Motta (org.) (S45)

Sombras de Identidade
Gershon Shaked (LSC)

Tempo de Clima
Ruy Coelho (LSC)

Impresso nas oficinas da
Cometa Gráfica e Editora
em junho de 2010